DROITS

DU

PÈRE DE FAMILLE

SUR LA PERSONNE

ET SPÉCIALEMENT SUR LES BIENS DE L'ENFANT

AVANT ET DEPUIS LE CODE NAPOLÉON.

THÈSE DE DOCTORAT

SOUTENUE PUBLIQUEMENT LE MERCREDI 16 NOVEMBRE 1859,

PAR

Isidore-Émile POTTIER,

Né à Lille (Nord), le 30 Mai 1835,
Licencié en droit de la Faculté de Paris (29 Juillet 1858),
Avocat à la Cour impériale.

PARIS,
A. DURAND, LIBRAIRE,
5, RUE DES GRÈS, 5.

MDCCCLIX.

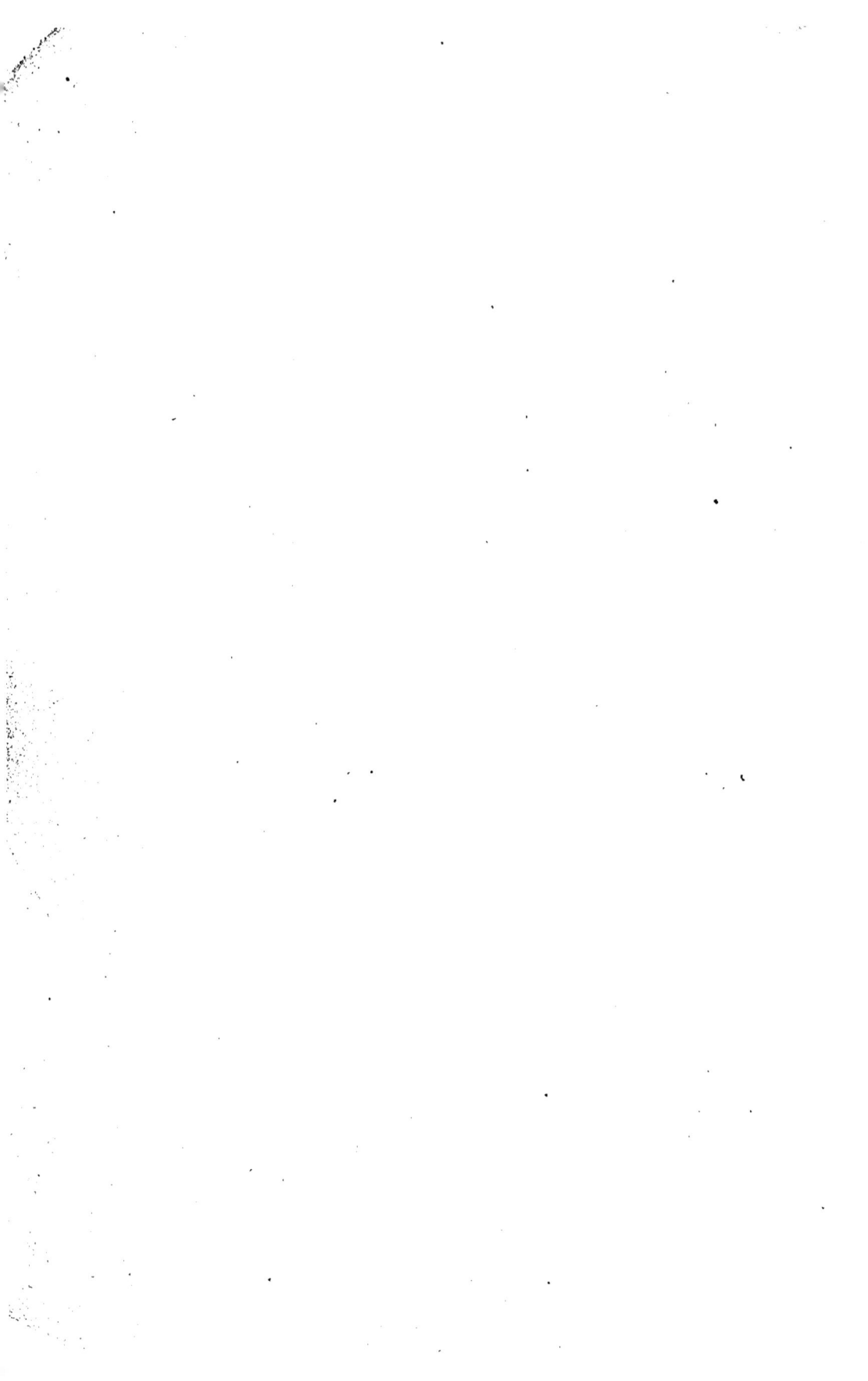

DROITS

DU PÈRE DE FAMILLE.

DROITS

DU

PÈRE DE FAMILLE

SUR LA PERSONNE

ET SPÉCIALEMENT SUR LES BIENS DE L'ENFANT

AVANT ET DEPUIS LE CODE NAPOLÉON.

THÈSE DE DOCTORAT

SOUTENUE PUBLIQUEMENT LE MERCREDI 16 NOVEMBRE 1859,

PAR

Isidore-Émile POTTIER,

Né à Lille (Nord), le 30 Mai 1835,
Licencié en droit de la Faculté de Paris (29 Juillet 1858),
Avocat à la Cour impériale.

PARIS,
A. DURAND, LIBRAIRE,
5, RUE DES GRÈS, 5.

MDCCCLIX.

A M. C. DEMOLOMBE,

Officier de l'ordre impérial de la Légion-d'Honneur,
Doyen de la Faculté de Droit de Caen
Ancien Bâtonnier de l'Ordre des Avocats.

A MON PÈRE,

A MA MÈRE,

A MON ONCLE.

RESPECT, AFFECTION, RECONNAISSANCE.

Labore ac constantia.

INTRODUCTION.

———

Honora patrem tuum et matrem.
(Deut. chap. 5, v. 6.)

La puissance paternelle est l'autorité reconnue par
la loi aux père et mère sur la personne et les biens
de l'enfant. Telle est la définition qui, seule, nous a
paru embrasser dans sa généralité les principes de
notre code civil et ceux des temps qui l'ont précédé;
plus tard, lorsque nous aurons déterminé les bases
sur lesquelles la puissance paternelle a reposé dans
le passé et les limites que lui assigne une sage
philosophie, nous en donnerons, avec l'orateur du
tribunat, une définition plus spéciale et plus particulièrement adaptée aux textes de nos lois actuelles.

Notre but, dans cette introduction, est d'y indi-
quer, à grands traits, les sources d'où découle cette
institution, d'y marquer l'esprit si rigide du droit
romain et le caractère plus généreux de la législation

1

germaine, d'y suivre l'antagonisme persévérant, en cette matière, comme en beaucoup d'autres, entre les pays coutumiers et ceux de droit écrit; d'y voir le principe d'autorité, que nous avaient si pieusement légué les lois de Rome, s'y unir, sous l'action incessante des mœurs et des évènements, à cette idée de tutelle et de protection dont le Mundium germain nous donne l'emblème naissant, d'y assister enfin à la formation de ce pouvoir qui, sans être oppresseur, a cependant conservé chez nous assez de force et d'énergie pour rendre encore maintenant des services inappréciables à la famille et à la société.

Toutes les nations, dont l'histoire a conservé le souvenir, ont reconnu, comme d'un commun accord, la nécessité d'investir le père de famille d'une magistrature forte et respectable; mais cette institution, si elle est universelle, est cependant bien loin de présenter partout un caractère uniforme; plus qu'aucune autre, peut-être, « elle a reçu l'empreinte de la « nationalité et du génie individuel des différents « peuples (1). »

L'étude de ces variations nous semble un utile travail pour le jurisconsulte : nous croyons qu'un examen rapide des lois autrefois en vigueur nous

(1) M. Demolombe, tit. IX, N° 288.

rendra plus capable d'apprécier la doctrine de nos législateurs.

Peut-être alors pourrons-nous constater que leurs efforts n'ont pas été sans fruit, et qu'ils ont obtenu un résultat digne de nos mœurs et répondant d'une manière complète aux exigences de notre civilisation.

I. Aux temps de Romulus et plus tard de la République, le père de famille veillait à l'honneur du foyer domestique, armé du glaive de la justice ; plus d'un père, égaré par de patriotiques fureurs, se fit contre ses enfants l'exécuteur des vengeances de la cité.

Propriétaire des biens comme de la personne, le père conservait sa puissance dans toute son intégrité, quelle que fût la position sociale de ses descendants : qu'ils fussent préteurs, édiles ou généraux, qu'ils eussent même mérité les honneurs du triomphe, ils n'en restaient pas moins, dans la vie privée, courbés sous un joug accablant que la mort seule du *pater-familias* pouvait détruire ! *quidquid ex mea re, meum est*; telle était, à cette époque de barbarie, la devise brutale du chef de chaque famille !

II. Lorsque la constitution politique eut perdu

son cachet de primitive rigueur; et, qu'à la suite
de l'enivrement des conquêtes, l'esprit sauvage et
énergique de l'ancienne Rome se fut laissé émousser
au souffle d'une civilisation jusqu'alors inconnue,
le lien de *puis·ance*, qui assujettissait en une masse
compacte les familles patriciennes, se relâcha, les
traditions despotiques tendirent à s'effacer, et le
droit des Quirites s'écroula peu à peu !

Par la brèche que des usages nouveaux prati-
quaient dans la loi des XII Tables, la philosophie,
s'unissant à la jurisprudence, introduisit des idées
plus humaines, des maximes moins barbares : on
s'habitua à ces innovations, qui, de timides qu'elles
se montraient d'abord, acquirent, dans la suite, plus
de hardiesse ; et on en vint à comprendre que la
loi naturelle imposait au père de famille, à l'égard
de ses enfants, tout autre chose qu'une capricieuse
sévérité ; qu'au lieu de lui reconnaître un droit de
propriété, on ne devait lui accorder qu'un droit de
tutelle et de bienfaisante protection : « *Patria po-*
testas in pietate debet, non in atrocitate consistere. »
(L. 5, FF. *de Lege Pompeia de parricidiis*).

III. Des motifs plus politiques qu'humanitaires
activèrent la décadence du pouvoir arbitraire.

Les empereurs, pour s'assurer le dévouement

de leurs légions, accordèrent aux soldats d'importants priviléges.

On concéda, à cette époque, aux fils de famille, un droit de propriété sur les biens acquis par eux au service militaire. C'est ainsi que, par la constitution du *peculium castrense*, la puissance paternelle subit un premier échec qui fut le signal de beaucoup d'autres.

Grâce à cette innovation et à la création des *pecules quasi-castrense et adventium*, le fils de famille, après bien des siècles d'une servitude absolue, se vit appelé à jouer, au point de vue des biens, le rôle de personne civile.

IV. C'est ce droit, ainsi modifié, que Rome, fidèle à sa politique d'assimilation, s'efforça de substituer aux traditions gauloises ; cette tâche lui fut, en ce qui concerne le pouvoir paternel, d'autant plus facile à remplir, que d'après le double témoignage de César (1) et de Gaius (2), l'organisation de la famille gauloise se rapprochait intimement de celle de la famille romaine.

V. Les lois germaines sont empreintes d'un tout

(1) Comment., de Bell. Gallic., t. vi, cap. 19 :.... *viros in uxores pariter ac liberos vitæ necisque habuisse potestatem.*

(2 Gaius, t, § 55.

autre caractère ; la protection pour la faiblesse de
l'enfant en est le principe distinctif ; ces sentiments
élevés, bien remarquables, sans doute, chez un
peuple au berceau de la civilisation, se manifestent
avec une évidence incontestable, dans le fameux
pouvoir du mundium ou mainhour, destiné à défendre le faible contre les attaques du fort, qu'il
ne pouvait lui-même repousser.

VI. Traversée par ces deux courants d'idées, si
opposées en cette matière, la Gaule se partagea entre
ces systèmes : les provinces de droit écrit suivirent
la législation romaine du Bas-Empire, modifiée par
les usages locaux ; l'influence des lois germaines se
fit, au contraire, vigoureusement sentir dans les
pays de coutume.

Remarquons, cependant, que le droit de puissance
paternelle, avant de devenir spécial aux pays de
droit écrit, régna aussi pendant quelque temps dans
les provinces coutumières, et même que quelques-
unes d'entre elles n'ont jamais cessé d'y rester
fidèles (1).

VII. Le droit coutumier finit par prévaloir dans

(1) Bretonnier, *quest. de dr.*, t. ii, v° *Puiss. patern.*, p. 117, 118 ; — Eusèbe
de Laurière, *sur la coutume de Paris*, tit. xv, art. 316 ; — Bouteiller, *somme
rurale*, liv. i, tit. c.

un grand nombre de provinces ; on admit comme maxime triviale que la puissance paternelle « n'a lieu dans les pays coutumiers (1). »

Cet adage signifiait que la puissance paternelle dans ces pays, au lieu de reposer sur les principes du droit romain, n'y était admise que dans l'intérêt de l'enfant, et qu'elle était pour le père moins un droit lucratif dont la loi lui laissait le profit, qu'un devoir onéreux dont elle lui imposait l'obligation.

VIII. La révolution de 1789 vint bouleverser complètement notre matière.

« Elle n'aurait fait sans doute que remplir sa légitime mission, si elle s'était bornée à corriger ce que la puissance paternelle des pays de droit écrit avait d'excessif, de contraire à la liberté du commerce et de l'industrie, et même à la liberté individuelle (2). »

Mais, des réformes exagérées, inspirées par les préjugés subversifs de cette époque, dépassèrent, en ceci comme en beaucoup d'autres points, les limites tracées par l'intérêt social. Dans leur mépris pour toute idée d'autorité, de quelque part que

(1) *Inst. cout.*, t. 1, règle 88, édit. Dupin et Laboulaye.
(2) M Demol., liv. 1, tit. 1x, n° 263.

cette autorité procédât, les législateurs d'alors éner-
vèrent, par le regrettable décret du 16 Août 1790,
art. 15-17, le pouvoir des père et mère sur leurs
enfants jusque dans les pays de coutumes !

IX. Éclairés par les conséquences funestes de cet
imprudent système, les rédacteurs du code civil,
tout en laissant à la puissance paternelle son caractère de bienfaisante protection, lui restituèrent la
force et l'autorité dont elle avait besoin pour exercer sur la famille une influence modérée et salutaire.

Si des germes d'insubordination se remarquent
trop souvent au sein du foyer domestique, n'en faisons point peser la responsabilité sur nos lois
civiles ; la vraie cause se trouve dans cet affais-
sement général du principe même de toute autorité,
si profondément ébranlé par tant de bouleverse-
ments, et qui rend, de nos jours, un gouvernement
quel qu'il soit, public ou privé, si difficile.

Après avoir reconnu, dans ce rapide aperçu, que
la magistrature paternelle repose sur une constante
tradition historique, nous allons en démontrer l'utilité et en découvrir la source dans le domaine du
droit naturel, ce qui nous permettra de lui assigner
des limites, qu'elle ne peut dépasser ; nous examinerons ensuite s'il est juste et utile, qu'à notre épo-

que, la mère participe, dans une mesure assez large, à l'exercice de cette puissance.

En entourant le mariage, cet acte fondamental de la société privée, de précautions minutieuses autant que multipliées, il semble que la loi ait voulu nous faire pressentir toute la gravité des devoirs qui en résultent pour les époux.

Parmi ces devoirs, dont notre code nous trace une esquisse rapide, il en est un que la nature, la morale et la religion eussent suffi pour nous imposer, si le législateur eût omis d'en faire mention ; c'est l'obligation qui nous incombe d'élever nos enfants, « ces êtres faibles, assiégés par les maladies et les besoins, incapables de rien par eux-mêmes (1), » réclamant un pouvoir de protection qui agisse pour eux et conduise leurs premiers pas dans la vie matérielle.

L'adolescence venue appelle un autre genre de sollicitude. Aux obstacles tout physiques de l'enfance succèdent les épreuves morales : « C'est l'âge où commence la lutte contre des passions naissantes qu'il s'agit, non d'étouffer, ce qui est hors de toute puissance humaine, mais auxquelles il faut imprimer une direction noble et utile (2). »

(1) Discours de M. Réal au corps législatif.
(2) Discours de M. Albisson, orateur du Tribunat.

L'autorité paternelle intervient « comme guide, comme ami, comme conseil (1) » pour remplir cette mission en les retenant sous le frein salutaire d'une vieille expérience (2).

Plus tard, lorsque l'enfant aura acquis assez de fermeté et de sagesse pour affronter, sans secours, les nombreux écueils dont notre existence est semée, où lui-même deviendra chef de famille, il reportera sur ses parents le respect qu'il va lui-même retrouver dans ses enfants ; « ce n'est plus un devoir dont il s'acquitte envers eux, c'est un culte qu'il leur rend toute sa vie ; le sentiment qui l'attache aux auteurs de ses jours ne peut plus être exprimé par les mots de respect, de reconnaissance et d'amour ; c'est désormais la piété filiale adorant la piété paternelle (3). »

Mais avant que l'enfant arrive à cet âge où sa raison lui fera accepter avec reconnaissance les conseils paternels, il devra traverser de longues années de présomption et de témérité, durant lesquelles les seules prescriptions de la loi naturelle et religieuse seraient un obstacle bien faible à

---

(1) Exposé des motifs présenté par M. Réal, dans la séance du 23 ventôse, an X.

(2) Le temps use l'erreur et polit la vérité. — Lévis.

(3) M. Réal, exposé des motifs.

opposer au mépris des jeunes gens pour l'autorité de la vieillesse, sentiment si naturel à la jeunesse, qu'on pourrait dire avec Bacon, qu'il est dans l'ordre et dans les plans divins « que chacun devienne sage à ses propres dépens. »

Tels sont les motifs utilitaires et pratiques qui suffiraient amplement pour justifier l'institution législative de la puissance paternelle; mais ce principe que nos lois consacrent, procède de considérations d'un ordre plus élevé, signalées de longue date (1), que nos législateurs ne pouvaient méconnaître, et qu'ils ont également fait ressortir (2).

La puissance paternelle prend sa source dans le droit naturel; en d'autres termes, c'est une des premières règles que constatent la raison et l'expérience unies au sens intime; c'est bien le cas d'appliquer avec Merlin, notre célèbre Procureur général, ces éloquentes paroles du prince des orateurs latins : *Et hæc est non scripta sed nata lex, quam non didicimus, accepimus, legimus ; verum ex natura ipsa arripuimus, hausimus, ad quam non ducti sed facti, non instituti sed imbuti sumus.* »

---

(1) Aristote, 8, Ethic. 10. Pline dans ses panégyriques : *Intuimus vim legemque naturæ, quæ semper in ditione parentum esse liberos jussit.* L. 195, § 2, *de verb. signific. D.*

(2) Exposé des motifs par M Réal ; discours du tribun Albisson.

L'amour de nos parents pour nous, est un sûr garant qu'ils n'abuseront pas de leur pouvoir; n'ont-ils pas en leur cœur une tendresse sans bornes qui gouverne l'exercice de leur autorité, en tempère la rigueur, en modère l'emploi ?

L'enfant n'est plus, dans la société moderne, le jouet du caprice paternel. C'est un dépôt sacré dont nous devons compte à Dieu et à la patrie. Nous comprenons que le dévouement à la patrie commence à la famille, puisque la famille n'est autre chose que le principe de la cité, la semence de l'état : « *Id autem est principium urbis et quasi seminarium reipublicæ* (1). »

Toutefois, même dans l'antiquité, l'influence que peut exercer une bonne éducation fut, de bonne heure, mise en lumière par la philosophie naissante : Aulu Gelle nous apprend que, dans les élans de sa reconnaissance envers le précepteur qu'il tenait de la sollicitude paternelle, Alexandre-le-Grand s'écriait : « qu'il avait autant d'obligation à Aristote qu'à Philippe, puisqu'il était redevable à l'un de vivre, à l'autre de bien vivre (2). »

Sans aller recueillir tous les hommages que la

(1) Cicéron, *De officiis*, liv. I, n° xvii.
(2) *Non minus Aristoteli quam Philippo debere se ; hujus enim munus esse quod viveret ; illius quod recte viveret.*

philosophie païenne a rendus à l'éducation, il nous est facile de nous convaincre que la puissance paternelle, constituée pour permettre au père de répandre de tels bienfaits sur sa famille, est par sa nature une institution complètement conçue dans l'intérêt de l'enfant.

Si les législations primitives ont oublié cette donnée toute rationnelle, les lois actuelles ne l'ont pas perdue de vue.

De ce principe que le pouvoir dont le père est revêtu, ne lui est accordé que pour la plus grande utilité de celui qui y est soumis, nous tenterons de déduire une conséquence pratique.

D'après la théorie de Barbeyrac et de Burlamaqui, développée de nos jours par un de nos savants maîtres (1), tout droit ne serait que la conséquence immédiate et nécessaire d'un devoir, un moyen donné pour arriver à l'accomplissement d'un devoir.

Partant de cette théorie, tout aussi rationnelle que morale, nous dirons que le droit de puissance paternelle repose sur le devoir imposé aux père et mère, de nourrir, d'instruire et d'élever leurs enfants.

La nature et la loi, se réunissant pour leur pres-

_____

(1) M. Oudot, conscience et science du devoir, t. 2, n° 198.

crire ce devoir, se réunissent aussi pour leur donner un moyen d'atteindre le but désigné ; c'est le droit naturel et civil de puissance paternelle.

Comme ce droit n'est que la conséquence du devoir d'éducation et d'entretien, il doit, avant tout, être conçu dans l'intérêt de l'enfant à l'égard duquel existe ce devoir; mais comme, d'un autre côté, il est nécessaire que ce moyen donné aux père et mère d'accomplir leur obligation soit efficace, les parents doivent jouir, aux yeux de leurs enfants, d'une autorité suffisante et respectée : concilier un double intérêt, celui de l'enfant et celui des père et mère, tout en faisant dominer la sollicitude pour l'enfant, borner, en un mot, le droit au devoir accompli, telle nous paraît être, en cette matière, la règle qui doit guider le législateur.

Cette idée philosophique, comme nous l'avons fait pressentir tout-à-l'heure, et comme nous allons bientôt plus nettement le démontrer, ne trouve pas, en général, son application dans les législations antiques : chez elles la puissance paternelle n'avait d'autre raison d'être que l'intérêt du père de famille, auquel se joignaient quelquefois, à Rome, par exemple, des intérêts d'une haute portée politique.

Ce n'est pas seulement dans la sauvage cité fondée

par Romulus, que l'on admet la propriété absolue du père sur les enfants ; mais, contrairement à l'assertion de Gaius (1), cette exorbitante prérogative du père se retrouve, aux époques de barbarie, à l'enfance de la plupart des civilisations (2) ; et notamment chez les Égyptiens, chez les Athéniens (3), chez les Perses (4), et même chez les Hébreux (5).

La législation hindoue (6), au contraire, seule avec la législation germaine, consacre les principes plus élevés et plus nobles de la défense du faible et de la protection de l'incapable.

Il était réservé aux lois modernes de bien établir cette dernière doctrine, et d'en tirer des conséquences fécondes ; mais c'est à notre code qu'il appartenait surtout de relever la mère de l'abaissement dans lequel on l'avait trop longtemps oubliée, pour lui faire partager, avec le père, ces fonctions tout à la fois douces et pénibles de la magistrature domestique.

Selon la mesure de ses forces et de ses aptitudes spéciales, chaque époux coopère à cette tâche compliquée.

(1) G. l. § 55.
(2) M. Ortolan, *Inst.*, I, tit. ix.
(3) Loi de Solon.
(4) Arist, 8, *Ethic.* 12.
(5) *Genèse*, 22.
(6) *Lois indiennes de Manou*, commentaire de M. Gibelin.

La nourriture et l'entretien regardent particulièrement le père ; c'est lui « qui gouverne la fortune et gagne le pain du jour (1) ; » mais c'est la mère qui, retenue sous le toit conjugal par les soins du ménage, se trouve tout naturellement chargée de donner à ses enfants l'instruction quotidienne, et ces exemples de tous les moments qui peuvent seuls les guider dans le sentier de la vertu ; c'est elle, enfin, qui élève ces jeunes cœurs à l'amour de Dieu et à la charité pour leurs semblables !

C'est à notre sexe, sans doute, qu'il appartient de former des géomètres, des tacticiens, des chimistes, etc., mais ce qu'on appelle l'homme, l'homme moral, s'il n'a pas été bercé sur les genoux de sa mère, ce sera toujours un grand malheur. Rien ne peut remplacer cette éducation maternelle, car c'est souvent la mère qui prend la plus large part dans cette grande œuvre de l'avenir de ses enfants, justifiant ainsi, par ses efforts et par leur résultat, la parole de cet Empereur qui, tout en cueillant sur sa route les lauriers de la victoire, nous étonne en même temps par la profondeur et la sagesse de ses pensées. Napoléon Ier aimait à répéter « que l'avenir d'un enfant est toujours l'ouvrage de sa mère. »

(1) *Education des mères de famille.* — L. Aimé Martin. — Ouvrage couronné par l'Académie française.

Le témoignage de l'histoire confirme cette opinion.

De grands exemples d'influence maternelle brillent du plus vif éclat dans nos fastes historiques. Lord Byron nous apprend que Bonaparte ne dissimulait pas « qu'il devait à la sienne d'être monté si haut (1); » et, parmi les souverains qui, durant la monarchie française, furent l'objet, de la part de de leurs sujets, d'une prédilection particulière, nous remarquons saint Louis, Louis XII, le père du peuple, et le bon roi Henri IV, qui, tous trois, furent élevés par leurs mères, Blanche de Castille, Marie de Clèves, Jeanne d'Albret; comme si la providence, par des faits aussi saillants, voulait nous faire sentir l'influence incontestable des soins intelligents d'une mère, et nous manifester avec éclat leur aptitude et leur supériorité dans l'éducation de la famille !

C'est donc avec raison que nos législateurs modernes ont accordé à la mère le prestige de l'autorité, bien convaincus que son intervention serait justement regardée comme un bienfait pour la famille, et un progrès pour la société.

(1) *Mémoires de lord Byron*, t. i, p. 393. •

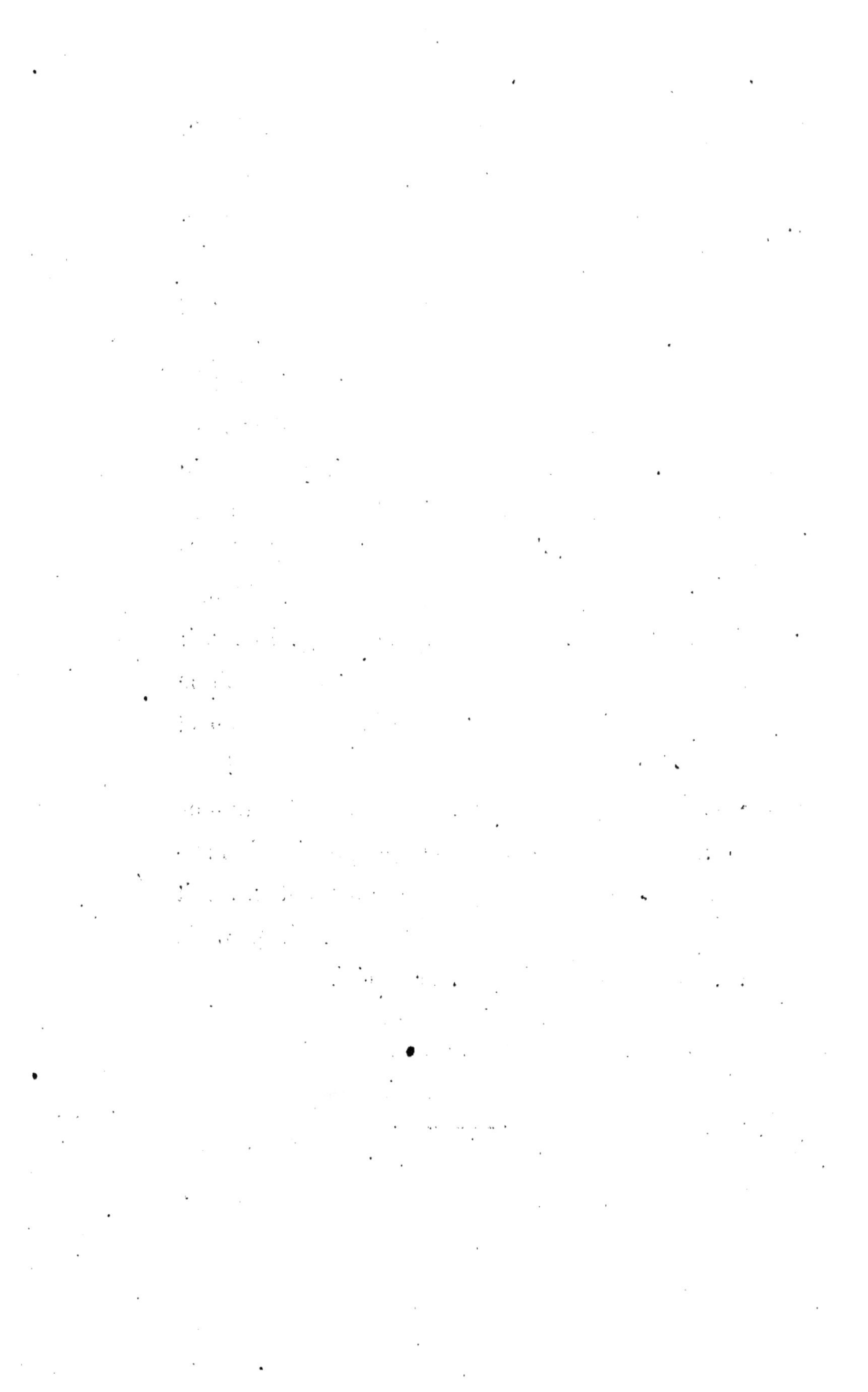

PREMIÈRE PARTIE.

DROIT ROMAIN

La puissance paternelle s'exerce 1° sur la personne; 2° sur les biens du fils de famille. Nous allons étudier ces deux sortes d'effets, en insistant particulièrement sur les seconds.

CHAPITRE PREMIER.

DROITS DU PÈRE DE FAMILLE SUR LA PERSONNE DE L'ENFANT.

Le pouvoir du père sur la personne de l'enfant ne connaissait à l'origine aucune espèce de limites : le droit de propriété qu'il avait sur ses descendants, ne différait en rien de celui dont il jouissait sur ses esclaves ; il pouvait tuer ses enfants, les vendre ou les exposer; mais un pareil ordre de choses finit, comme nous l'avons déjà signalé, par se modifier sous l'action des mœurs et du progrès.

Selon Denys d'Halicarnasse, le droit de vie et de mort remonte à la fondation de Rome (1); Plutarque en attribue la concession à Romulus (2).

Le Digeste et le code nous apprennent que la loi des XII Tables consacrait formellement ce droit; Constantin (3) dit au code.... *patribus quibusque jus vitæ in liberos, necisque potestas olim erat permissa... etc.*

L'histoire nous en fournit de nombreux exemples d'application. Brutus (4), Cassius (5), Fulvius (6), Fabius Eburnius (7), Manlius, Torquatus et Manlius Imperiosus usent de ce pouvoir homicide. Remarquons, toutefois, que plusieurs d'entre eux agissaient ainsi plutôt comme magistrats que comme pères. Hotman, s'appuyant sur l'autorité de Valère-Maxime, de Tite-Live, de Sénèque (8) et de Vulteius, soutient que le père devait soumettre son dessein à une espèce de tribunal domestique, et invoquer des motifs sérieux. Pour nous, nous pensons qu'il suffit de s'être bien pénétré de l'esprit dur et barbare de

(1) Denys d'Halic. lib. 2.
(2) Plut. *Vie de Romulus.*
(3) C., VIII. 47, L. 10.
(4) Plut. *Vie de Publicola*, 7 et 8.
(5) Val., Max., lib. V. c. 8.
(6) Salluste, Catilin., n° 39.
(7) Hotman, *in epist.*, 3. *de his qui sui*, n° 4, *et ad § 1, de patr. potest.*
(8) Val., Max., lib. V. c. 8. — T.-Liv. lib. II. — Sen. 1, *de clem.* — De Fresquet, *Revue hist. du dr. fr.* (mars et avril 1855).

la législation romaine, pour se convaincre que ce
pouvoir contre nature a parfaitement pu subsister
longtemps dans sa cruauté primitive, avant d'admettre aucune sorte d'entraves ou de restrictions.
Du reste, l'opinion publique finit par s'élever contre
cette sanguinaire prérogative; Sénèque (1) raconte
que, de son temps, un chevalier romain nommé
Erixon, dont le fils avait succombé sous les verges
paternelles, fut poursuivi dans le Forum, à coups de
poinçon, par le peuple indigné.

Les interprètes ne sont pas d'accord sur l'époque
où le père perdit ce pouvoir exorbitant.

Pithou (2) et Doneau (3) assurent que le droit de
vie et de mort aurait survécu jusqu'aux temps de
la jurisprudence classique : *Nec obstat quod eos
(filios) exheredare licet, quos et occidere licebat*, nous
dit le jurisconsulte Paul (4). Il faudrait, d'après l'o-
pinion que nous exposons, voir dans : *occidere
licebat*, un changement opéré par Tribonien; le
texte originaire serait : *occidere licet.*

D'ailleurs, ni Pithou ni Doneau ne fixent une
date précise. Baudoin (5) indique le temps d'Auguste, Gyphanius celui de Constantin (6), Bynkers-
koeck (7) l'époque de Trajan, Antonin et Adrien.

---

(1) Sénèque, *De Clem.*, liv. 1, ch. 14.

(2) Pierre Pithou, *in novit. d.*, tit. 4, coll. II., Mosai.

(3) Doneau, tom. I, cap. 35, D., note 2.

(4) D., XXVIII, II, L. 11.

(5) *Ad. leg. Romul.*, LXVIII.

(6) *Ad. leg. Ult.*, C. de patr. pot.

(7) *De jure occid. liber.* C. 2 et suiv.

Trajan (an 114 de J.-C.), força un père qui mal-traitait son fils à le libérer de sa puissance.

Adrien (an 117 de J.-C.) condamne à la dépor-tation un père qui avait tué son fils à la chasse, bien qu'il eût été surpris en adultère avec sa belle-mère : *quod latronis magis quam patris jure interficit,* dit Marcien (1). Et il ajoute : *patria potestas in pie-tate debet, non in atrocitate consistere.*

Ulpien nous apprend qu'un père ne peut plus tuer son fils, sans jugement et sans accusation préa-lable auprès du magistrat (2).

Alexandre Sévère, dans un rescrit inséré au code (3), permet de châtier, *jure patriæ potestatis,* un enfant qui méconnaît ses devoirs, et il ordonne au père, si l'obstination du fils mérite des peines plus graves, *acriori remedio usurus,* de s'adresser au président de la province.

Valère et Gallien confirment cette restriction (4).

Nous lisons enfin, au code, une constitution de Constantin, qui condamne le père meurtrier de son enfant, à être, comme parricide (5), renfermé dans un sac avec un chien, une chienne, un coq, une vipère, pour être ensuite jeté à l'eau (6).

Au milieu de ces divergences, nous remarque-

(1) D., xlviii, ix, L. 5, Marcien.
(2) D., xlviii, viii, L. 2, Ulpien.
(3) C., viii, 47, L. 3.
(4) C., viii, xlvii, L. 4.
(5) An 318, L. 1, C. *Theod. de parricid.*
(6) L. 1, C. *Theod. de parricid.*

rons, avec le président Favre (1) et M. Troplong (2),
que d'une part le droit de vie et de mort s'accordait
assez mal avec la nouvelle forme constitutionnelle
de l'empire, qui tendait à centraliser les pouvoirs
entre les mains du prince; que, d'un autre côté, des
mœurs plus douces ramenèrent les Romains à des
sentiments plus conformes aux progrès rapides que
firent à cette époque la civilisation et la philosophie.

Le droit de vente persévéra plus longtemps. La
loi des XII Tables concédait au père de famille le
droit de vendre ses fils trois fois, et ses petits enfants
une fois; ce nombre dépassé, l'enfant était (quand
son maître l'avait affranchi), libéré de la puissance
paternelle (3).

De ce droit de vente on tira, dans la suite, une
fiction ingénieuse à l'aide de laquelle l'enfant échap-
pait à la puissance de son père (4); le père jouissait en outre du droit d'abandon noxal (*noxali causa
mancipare*), qui tomba vite en désuétude, du moins
en ce qui concerne les filles (5).

L'abandon en réparation du préjudice resta plus
longtemps en vigueur pour les fils (6).

Quant au droit de vente, les écrits de Paul nous
apprennent que, de son temps, il subsistait encore,

---

(1) *Jurisp. Papiani scientia*, tom. VIII, principe 3.
(2) M. Troplong, *mémoire lu à l'Acad. franç.*
(3) Gaius, C. 1, § 132, *Denys d'Halic.*, lib. II, antiq. p. 96.
(4) Gaius, comm. I, § 117 et 118.
(5) Gaius, comm. IV, § 75 et suiv.
(6) Sentent. *Pauli*, 2, 31, § 9.

mais réduit seulement au cas d'extrême misère (1) :
« *contemplatione extremæ necessitatis aut alimentorum
gratia.* »

Dioclétien et Maximien déclarèrent que les pères
ne peuvent. livrer leurs enfants, ni en gage, ni en
vente, ni en donation (2) ; cependant Constantin,
le premier empereur chrétien, permet encore de
vendre les enfants au sortir du sein de la mère,
sanguinolentos, lorsqu'on y est contraint par une
complète indigence ; *propter nimiam paupertatem
egestatemque victus.* Seulement, le fils sera affranchi
de droit si quelqu'un, par bienfaisance, rembourse
plus tard l'acheteur.

Des traces de ce droit de vente se retrouvent sous
Théodose-le-Grand (3), et saint Jérôme nous a
conservé, dans ses œuvres, la lettre d'une pauvre
femme, dont les trois fils avaient été vendus pour
payer l'impôt du fisc : *Mihi est maritus qui, fiscalis
debiti gratia , suspensus ac flagellatus ac pœnis om-
nibus cruciatus, servatur in carcere. Tres autem nobis
filii fuerunt, qui, pro ejusdem debiti necessitate, dis-
tracti sunt* (4).

Reste le droit d'exposition. « Telle était alors la
misère des peuples, que les pères qui ne trouvaient
pas à vendre leurs enfants, les exposaient dans des
lieux solitaires, pour que la mort les en délivrât,

(1) Sent. *Pauli*, v, 1, § 1.
(2) c., IV, XLIII, L. 1.
(3) L. 1, c. Theod. *de patr. qui suos filios*, etc.
(4) S. *Hieronymus, in vita Paphnutii.*

ou dans des lieux publics, pour que la charité les recueillît (1). » Les enfants ainsi exposés étaient élevés *ad servitutem vel lupanar* (2).

Les philosophes des premiers siècles du christianisme flétrirent, d'un blâme bien mérité, cette atroce coutume. Tertulien, dans son *Apologétique*, et, avant lui, le philosophe chrétien Athénagore, avaient donné le signal de cette universelle réprobation. Lactance s'élève avec la même énergie contre cet abus, dans un livre dédié à Constantin; ce prince lui-même s'exprime ainsi : *Abhorret enim nostris moribus, ut quemquam fame confici aut ad indignum facinus prorumpere concedamus* (3).

Ce n'est pourtant que sous le règne de Valentinien Ier, que, selon Godefroi et Gibbon (4), on se décida à mettre un terme à ces sortes de meurtres, en appliquant, dans ce cas, contre le père coupable, la loi *Cornelia, de sicariis : unus quisque*, nous dit une loi de cet empereur, *sobolem nutriat : quod si exponendam putaverit, animadversioni quæ constituta est, subjacebit* (5).

Cette phrase, manquant de clarté, a besoin d'être complétée par la loi 8. c., *ad legem Corneliam, de sicariis*, qui émane aussi de Valentinien : *si quis necandi infantis piaculum aggressus aggressare sit, sciat se capitali supplicio esse puniendum.*

(1) M. Troplong, *influence du Christianisme sur le droit romain*, p. 271.
(2) Lactance, lib. vi, div. inst. c. 20.
(3) L. 1 et 2. *Cod. Theod. de alimentis quæ inopus parentis.*
(4) т. 2 p. 216, Gibbon.
(5) God , sur la L. 2, c. Theod., *de expositis liberis.*

Il était temps, du reste, que l'odieux scandale de la barbarie quiritaire fût effacé.

La puissance paternelle, restreinte ainsi dans ses droits sur la personne, le fut également bientôt dans ses droits sur les biens. Les empereurs comprirent qu'un des moyens les plus favorables à la propagation de la religion naissante, qu'ils protégeaient, était d'accorder à la jeunesse une plus grande liberté d'action, car, comme dit Montesquieu, « pour étendre une religion nouvelle, il faut ôter l'extrême dépendance des enfants, qui tiennent toujours moins à ce qui est établi (1). »

CHAPITRE SECOND.

DROITS DU PÈRE DE FAMILLE SUR LES BIENS DE L'ENFANT.

A l'origine, le fils de famille appartenait au père, d'après la maxime : *Quidquid ex re mea nascitur meum est.*

Un seul patrimoine, celui du père, engloutissait, sans distinction, les créances et les droits réels provenant des contrats du fils, les produits de son travail, de son courage, de son talent, les libéralités qui lui advenaient ; le fils, en un mot, était assimilé aux esclaves du domaine paternel.

(1) *Esprit des lois,* liv. xxiii, ch. 21.

Mais sous le règne des premiers empereurs, les soldats, qui disposaient en maîtres de la couronne, obtinrent en retour des services qu'ils rendaient, des priviléges sans nombre.

L'une des premières faveurs fut la concession faite au fils de famille, de devenir, au détriment de son père, propriétaire des biens acquis au service militaire.

L'établissement de ce patrimoine séparé eut lieu sous Auguste, Nerva et Trajan; on lui donne le nom de *peculium castrense*. La philosophie, qui commençait à se pénétrer des principes d'humanité et de justice du Christianisme, s'empara avec avidité de cette innovation, pour l'employer au profit de la civilisation; et, par la création d'autres pécules, bien différents du pécule primitif la personnalité du fils de famille se dégagea de plus en plus de l'omnipotence paternelle qui l'absorbait depuis des siècles! On distingue quatre espèces de pécules :

1° *Peculium profectitium.* — 2° *Peculium castrense.* — 3° *Peculium quasi-castrense.* — 4° *Peculium adventitium.* Dans cette dernière catégorie, nous comprendrons le *peculium extraordinarium vel irregulare*, dont Mackeldey, M. de Savigny et M. de Fresquet forment une classe à part.

SECTION Ire.

DU PECULIUM PROFECTITIUM.

Souvent le père de famille confiait à son fils ou à son esclave l'administration et la jouissance d'une certaine portion de biens, c'est ce qu'Ulpien appelle un pécule : *peculium dictum est, quasi pusilla pecunia, sive patrimonium pusillum ;* et Tubéron, au rapport de Celse, en donne cette définition : *Quid servus (aut filius) permissu separatum ex rationibus dominicis habet ; deducto indè si quid domino debetur* (1).

Joseph Fernandez de Retes nous donne cette singulière étymologie du mot peculium : « *Peculium et pecunia dicta sunt* a pecudibus. *Etymologiæ ratio est* (M. Varro, lib. IV, de ling. lat.) *quod in pecore tunc omne patrimonium, omnis pecunia Romanis consistebat, plerumque pastoribus et ex pecuariis quæstum facientibus. De corio enim pecudum nummi incidebantur et signabantur* (Isid., lib. 16, origin., cap. 17.) .... *vox peculii pro toto patrimonio usurpata est* (Virgile, églogue I.).... *dum me Galatea tenebat. Nec spes libertatis erat nec cura peculii..... postea hoc nomine appellata est pars patrimonii pretiosior, ut* Alciatus, Pinellus *et* Roewardus *notaverunt.*

Mais cette constitution d'un pécule au profit du

---

(1) D. L. 5 § 4. *de peculio*

fils, n'était qu'une dérogation de fait, toute volontaire de la part du chef de famille, au principe de son droit exclusif de propriété; cette portion de biens provisoirement abandonnée, ne cessait pas de lui appartenir; le fils n'était qu'un administrateur temporaire, dont le mandat prenait fin par une simple révocation.

Du reste, pour que ce pécule, soit établi, certaines conditions sont rigoureusement requises. Il ne suffit pas que le fils (ou l'esclave) possède séparément des objets qu'il aurait détournés e la masse appartenant au maître, il est, en outre, indispensable que la possession séparée ait lieu, avec la permission du maître, *domini permissu*, et Pomponius nous explique, en ces termes, le sens que nous devons donner à ces derniers mots : *Peculii est, non id cujus servus seorsum a domino rationem habuerit, sed quid separaverit ipse summa servi rationem discernens* (1). »

Pour qu'il y ait pécule, une tradition ou un constitut possessoire doit intervenir entre le maître et le fils ou l'esclave.

Paul dissipe le doute qui pourrait régner à cet égard, lorsqu'il dit : « *Non statim quod dominus voluit ex re sua peculii esse, peculium facit ; sed si tradidit, aut cum apud eum esset, pro tradito habuit : desiderat enim res naturalem dationem.* » Pomponius confirme cet argument par cet autre motif de la

---

(1) Pomponius, L. 4, *de peculio*, xv, L. D.

loi 4, § 1er « *re enim, non verbis peculium augendum est.* » Bien, qu'en général, le pécule comprenne des meubles, des immeubles, des créances (1), cependant Marcien (2) et, avec lui, les anciens jurisconsultes, excluent du pécule les objets de première nécessité, tels que le linge et les vêtements que le maître, à raison de sa qualité, doit fournir à l'esclave ou au fils. Le préteur, pour donner au pécule un caractère sérieux, accorde, à ceux qui traitent avec le fils, *personne alieni juris*, des garanties contre le père.

Le préteur accorde, dans ce but, aux créanciers du fils, une double action, l'action *de in rem verso*, et l'action *de peculio*. Si le père a tiré un certain profit de l'opération, le juge le déclare tenu de tout ce qui a été employé à ses affaires ; si le père n'a profité de rien, il n'est tenu que jusqu'à concurrence du pécule.

Nous ferons toutefois cette remarque, que le père est encore, dans le cas présent, traité avec faveur ; car, tandis qu'il profite de la totalité des gains du fils, quelque considérables qu'ils soient, les pertes, provenant d'une administration imprudente et défectueuse, n'affectent que la portion de biens, minime peut-être, qu'il a érigée en pécule.

(1) Ulpien, L. 7, § 4, *de peculio.* D.
(2) Marcien, L. 40, § 1. *de peculio.* D.

SECTION II.

DU PECULIUM CASTRENSE.

Le sort du fils de famille était bien un peu amélioré par la constitution du pécule profectice ; mais le père n'en conserva pas moins, sur ce genre de pécule, un droit de propriété absolue durant toute la république ; aussi, dès les premiers temps de l'empire, soit que le désir d'enflammer l'ardeur des jeunes soldats par l'appât des priviléges, soit que le but moins désintéressé de les gegner pour qu'ils soutinssent leur trône, eût poussé les princes à battre en brèche le vieux droit romain ; toujours est-il qu'un rude coup fut porté, à cette époque, aux prérogatives exagérées du père, et que les fils de famille, militaires, virent briser les chaînes de cette longue servitude qui pesait sur eux depuis l'origine de Rome !

La volonté du père, jusque là souveraine, dut s'incliner devant un pouvoir supérieur. Le droit de propriété était concédé en principe aux fils de famille.

Cette réforme fut le germe de beaucoup d'autres ; elle reçut des développements d'autant plus larges et plus rapides, qu'elle répondait à un besoin que la raison et l'humanité faisaient vivement sentir.

Ainsi le fils de famille eut, dès-lors, à l'exclusion du père, sous le nom de *peculium castrense*, la pleine propriété de ce qu'il avait acquis au service, et même le pouvoir d'en disposer par acte entre-vifs ou par testament.

De ce moment, comme le remarque M. Ortolan, la personnalité civile des fils de famille devint nettement tranchée (1).

Jules César, dans un but politique, fit la concession temporaire (2) du *peculium castrense*. Nerva et Trajan la confirmèrent et se montrèrent d'une libéralité excessive envers l'armée. « *Postea divus Nerva plenissimam indulgentiam in milites contulit; eamque Trajanus constitutus est* (3). »

Quant à la libre disposition par testament, ce fut Adrien qui la permit aux fils de famille vétérans, pourvu qu'ils eussent reçu leur congé pour des motifs honorables : « *ignominiæ causa non missi* (4). »

Telle fut l'origine du *peculium castrense*.

Demandons-nous maintenant : 1° de quels biens se compose le *peculium castrense;* 2° quels sont les droits qui appartiennent soit au père, soit au fils sur ce genre de pécule.

§ Ier DE QUELS BIENS SE COMPOSE LE PECULIUM CASTRENSE.

Paul définit le *peculium castrense : quod in castris adquiritur vel quod proficiscenti ad militiam datur ;*

---

(1) Inst., liv. II, tit. LX, § 6.
(2) Ea concessio temporalis erat. — L. 1. pr. de testamento militis, D.
(3) L. 1. Pr. de testamento militis, D.
(4) L. 26. § 1, de testam. militis., 29, 1.

et Macer ajoute : « *Quod, nisi militaret, adquisiturus fuisset* (1). »

De la combinaison de ces deux textes dérivent les limites précises du *peculium castrense* : son origine étant essentiellement militaire, on y comprendra tout ce qui advient au fils en vertu de sa profession d'homme de guerre et on en rejettera tout ce qui ne vient pas uniquement de cette qualité.

Entreront dans le *peculium castrense*, les récompenses ordinaires ou extraordinaires accordées aux soldats (2), c'est-à-dire :

La paie, dont l'importance s'accrut depuis la première guerre punique jusqu'à Domitien (3);

Les dons des généraux, tels que piques, colliers, etc. *(torques, armillas, hastas, phaleras, cornicula, coronas)*;

Les distributions d'argent qui, n'ayant eu d'abord lieu qu'aux jours de triomphes, furent, dans la suite, prodiguées même pendant la paix;

Les dons de joyeux avénement *(donativum munus);*

La part de butin en temps de guerre;

Les portions de *l'ager publicus* assignées aux vétérans;

Les choses mobilières que le père donne à son fils partant pour l'armée, ou servant déjà sous les drapeaux (4); l'intention du père est d'adoucir ainsi

(1) L. 2, D., *de castr.-pecul.*
(2) Pothier, 10, *Pand.*, TITRE XVI.
(3) Tacite, *annal.*, LIV. 2, CHAP. 16; Suéton. *in Dom.*
(4) L. 4, D., *fam. ercisc.*, III, 86.

pour son fils les privations de la vie des camps; mais les immeubles, ne pouvant être employés au même but, on les exclurait du *peculium castrense*, sauf le cas où ils proviendraient *ex occasione militiæ*, par exemple, lorsque le fils est appelé à recueillir la succession, composée d'immeubles, d'un de ses compagnons d'armes (1).

Quand la donation est faite par un compagnon d'armes, elle est comprise dans le *peculium castrense*, même quand le donateur aurait eu des rapports d'amitié avec le fils de famille, antérieurement à son entrée au service.

Mais que décider si le compagnon d'armes était en même temps un agnat?

Selon Tryphoninus, ce cas avait jeté des doutes dans l'esprit de Scévola. D'une part l'agnat aurait pu léguer ou donner ses biens au fils de famille, en qualité de parent; d'autre part, la vraie cause de la libéralité est peut-être dans cette vie commune qui a resserré les liens de leur affection.

Tryphoninus tranche la difficulté par une distinction (2) confirmée par un rescrit de Gordien; elle repose sur une simple présomption: la libéralité est-elle antérieure ou postérieure à l'entrée au service des deux parents? Au second cas, seulement, elle tombe dans le *peculium castrense*.

Pour savoir si la donation ou l'institution est faite

(1) L. 1, a., *de castrensi peculio.*, XII, XXXVII.
(2) a., XII, XXXVII, L. 1, *de castr. pecul.*

contemplatione militiæ, on doit s'attacher moins aux termes employés qu'à la volonté du disposant, présumée d'après les circonstances; de sorte que, par exemple, une femme, dont le fils de famille ne doit pas la connaissance à l'état militaire, insérerait en vain, dans son testament, la déclaration que ce qu'elle donne doit être considéré comme portion du *peculium castrense; car,* dit Ulpien: « *Veritatem spectamus, non quod quis finxit* (1). »

La décision qu'Ulpien donne, dans la loi 8, semble en contradiction manifeste avec celle émise par Papinien dans la loi 13 de notre titre. Dans ce dernier texte, ce jurisconsulte cite un rescrit d'Adrien qui aurait déclaré que, dans le cas où une femme aurait institué son mari, fils de famille et militaire, héritier, cette hérédité resterait le patrimoine propre du fils, et les droits de patronage lui seraient acquis à l'égard des esclaves qu'il affranchirait. Cette constitution est de nouveau mentionnée dans la loi 16, où le même jurisconsulte prend le soin de faire remarquer que la solution qu'il y propose, ne forme pas antinomie avec le rescrit d'Adrien : « *Nec ea res contraria videtur ei quod divi Hadriani temporibus filium, familias militem uxori exititisse placuit, et hereditatem in castrense peculium habuisse.* »

Peut-on faire disparaître d'une manière satisfaisante la contradiction que nous venons de signaler?

_____

(1) L. 8 *hoc titul.*

Cujas et Pothier l'ont tenté de la manière suivante : La loi Pappia Poppœa, qui ne fut définitivement abolie, sur le point qui nous occupe, qu'en l'an 410, sous Théodose II (1), ne permettait aux femmes qui n'avaient pas eu d'enfants, de tester valablement en faveur de leur mari, que pour la dixième partie de leur fortune (2); or, d'après Cujas et Pothier, il s'agirait, dans la loi 13, d'une femme stérile testant en faveur de son mari. Cette libéralité ne peut avoir pour cause, dit Cujas, l'affection conjugale dont la loi Pappia Poppœa réprime les élans ; il faut donc présumer qu'elle a été faite *occasione militiœ*, sinon elle ne pourrait être valable. Dans la loi 8, au contraire, la femme dont parle Ulpien serait une personne qui ne tomberait pas sous le coup de la loi Pappia Poppœa, c'est-à-dire une femme, par exemple, ayant des enfants, et comme dans ce cas elle a pu valablement instituer son mari héritier, dès-lors la cause de la libéralité se trouve dans l'affection conjugale; elle n'est point faite à l'occasion du service militaire, et comme conséquence, n'est point comprise dans le *peculium castrense.*

Malgré l'autorité justement méritée dont jouissent, en général, ces deux grands jurisconsultes, il faut convenir que leur explication laisse beaucoup à désirer.

(1) L. 2, c., de *infirm.* pœn.
(2) *Ulp. regul., lit.* xv et xvi.

Rien, en effet, dans la loi 13 ni dans la loi 16, ne fait allusion au cas d'une femme stérile, et comme telle exposant son mari aux déchéances caducaires. D'ailleurs, le rescrit d'Adrien s'occupe de l'hérédité entière, comme l'indique son texte; or, s'il était question d'une femme stérile, les neuf dixièmes seuls de cette hérédité devraient tomber dans le *peculium castrense*, puisque le legs du dernier dixième, dont la loi Pappia Poppœa permet de disposer valablement, a pour cause déterminante l'affection conjugale. Enfin, la loi 13 et la loi 16 qui s'y réfère, trancheraient, d'après Cujas, une question de validité d'institution ; or, l'examen du texte prouve que Papinien ne s'occupe nullement d'une question de validité d'institution, mais bien de composition du *peculium castrense*.

Nous ajouterons, contre l'explication de Cujas et de Pothier, l'argument suivant, puisé dans Fernandez de Retes : « *Aut ego vehementer fallor aut non fuit necessarium Hadriani rescriptum, ut miles ab uxore institutus solidum ex testamento ejus capere posset ; quoniam lex decimaria locum non habebat inter eos qui reipublicæ causa aberant (Ulp., tit. XVI de solid. capacitate). Nemini enim dubium est, quin miles reipublicæ causa absit (L. 7. L. 17. § 1, L. 34, D., ex quibus causis majores).*

Nous présenterons deux autres conciliations qui nous paraissent plus satisfaisantes.

La première consiste à dire que Papinien, prévoyant le cas où il y aurait eu institution d'héritier faite par la femme en faveur du mari, décide alors que l'hérédité fera partie du patrimoine du fils de famille, parce que le rescrit d'Adrien l'a, dans cette hypothèse, formellement déclaré. Ulpien, au contraire, examinant quel sera le sort d'une donation ou d'un legs, ne se trouve plus dans les termes mêmes du rescrit, qui ne concerne qu'une institution d'héritier, et dès-lors il n'y a pas à s'étonner que le jurisconsulte recule devant l'extension de ses termes, et ne veuille pas donner pour la donation ou le legs la même solution que celle de Papinien, quant à l'institution d'héritier.

On objectera peut-être qu'une telle distinction entre la donation ou le legs et l'institution d'héritier, ne peut s'expliquer facilement, et qu'elle n'est pas en rapport avec l'esprit hardi et novateur que nous connaissons à Ulpien ; en tous cas, il nous resterait toujours la ressource de la seconde conciliation que voici: nous dirions que le rescrit d'Adrien a pu être rendu dans des circonstances spéciales, où certains motifs devaient faire fléchir la rigueur des principes en faveur du fils de famille; plus tard, la mention de ces circonstances spéciales a été effacée par les compilateurs de Justinien, qui ont ainsi généralisé une décision primitivement exceptionnelle.

L'une de ces circonstances nous paraît cependant avoir survécu et se trouver dans ces expressions: *militem militantem*, soldat en activité de service, qui ne se rencontrent pas dans la loi 8; Ulpien statuerait donc dans cette dernière loi, d'une manière générale, sans se préoccuper d'une exception particulière, et, par conséquent, sans déroger aux règles ordinaires.

La dot donnée au fils de famille, ayant pour but de subvenir aux charges du ménage, à l'éducation et à l'instruction des enfants, ne tombe pas dans le *peculium castrense;* car, comme c'est le père ou l'aïeul qui supporte ces charges, c'est à eux que doit rester l'émolument de la dot.

Le pécule s'accroît par accession.

Il comprend tout ce qui provient *ex rebus castrensibus* (1), et, par exemple, ce qu'un esclave de ce pécule acquiert par stipulation ou par tradition (2). Il peut quelquefois y avoir du doute sur la question de savoir si le fils de famille agit en qualité de *pater-familias* de son *peculium castrense,* ou en celle de fils de famille pour le reste; tandis qu'au contraire, l'esclave, durant la vie du fils, n'est toujours réputé agir que pour le fils. Il est alors complètement étranger au père.

§ 2. DROITS DU FILS SUR LE PECULIUM CASTRENSE.

Le fils de famille a sur ce pécule les mêmes droits que si, ayant perdu son chef de famille, il était *pater-familias.* Il en a la possession légale, qui peut

(1) L. 3. *hoc titul.*
(2) L. 15, § 8, *hoc titul.*

le mener à l'usucapion (1), fût-il émancipé ou donné en adoption, il n'en conserve pas moins, sur son *peculium castrense*, son droit de propriété (2).

S'il est institué héritier par un compagnon d'armes, il peut faire adition sans le *jussus* du père (3).

Il a la revendication ; il peut être poursuivi par les créanciers du pécule, sauf à opposer à la femme répétant sa dot, le bénéfice de compétence (4).

Il peut tester sur son *peculium castrense jure communi et jure militari.*

Ce droit, qui ne résultait pas à Rome de celui de propriété, lui a été formellement concédé. Il n'aura cependant le droit de tester *jure militari* que s'il est encore au service militaire ou s'il a cessé de l'être depuis un an, au plus, à l'époque où il décède.

§ 3. DROITS DU PÈRE SUR LE PECULIUM CASTRENSE.

Bien que, durant sa vie, le fils soit propriétaire du *peculium castrense* et libre d'en disposer par testament; cependant, s'il décède intestat, les droits du père, un moment assoupis, se réveillent avec leur première énergie, et le père revendiquera le pécule *jure pristino peculii.*

Le père a la propriété du pécule, sous condition

(1) L. 4, § 1 D., *de usurp. et acl.*
(2) L. 12, *de castr. pecul.*
(3) L. 8, *de castr. pecul.*
(4) L. 7, *de castr. pecul.*

suspensive, et le fils sous condition résolutoire.
D'où il résulte que le fils mourant intestat, le père,
par l'effet de la rétroactivité de la condition, est
réputé propriétaire *ab origine* ; si, au contraire, le
fils a testé, le père est réputé n'avoir jamais été
propriétaire.

Le père ne pourrait, durant la vie du fils, grever
d'usufruit les esclaves du pécule ; mais l'éventualité,
qui peut le rendre propriétaire, suffit pour établir,
en sa faveur, certains droits, même assez étendus :
il peut faire des actes qui rendent sa position
meilleure, tel qu'acquérir une servitude.

Il aura aussi le droit de faire des actes de disposition ; mais ils n'auront d'effet que pour l'avenir.

Si le père fait un paiement avec un objet compris
dans le pécule, il paie avec la chose d'autrui, et il
n'est pas libéré ; tandis que, s'il lègue un esclave
du pécule, le legs est valable, si le fils meurt sans
testament.

Supposons que le fils est décédé laissant un
testament qui institue un étranger, aucune difficulté
ne se présente si l'étranger accepte la succession ;
le père n'a jamais eu aucun droit sur le *peculium
castrense* ; mais qu'arrivera-t-il si l'institué ne fait
pas adition ? quel sera alors, par exemple, le sort
des stipulations faites par les esclaves du pécule,
pendant que les héritiers institués délibèrent ?

Si les héritiers font adition, les stipulations sont
valables d'après la maxime : *hereditas jacens personam defuncti sustinet.*

Mais, si les héritiers répudient, il n'y a plus d'hérédité, il n'y a qu'un pécule, or la fiction que nous venons d'appliquer ne concerne que l'hérédité et ne peut être étendue au pécule.

La stipulation sera donc nulle dans ce cas, puisqu'entre la mort du fils et le refus des institués, il n'y avait ni personne physique, ni personne juridique, auxquelles les esclaves pussent emprunter l'individualité civile qui leur manque.

Telle est l'opinion exprimée par Papinien, dans la loi 18 *de stipulatione servorum*, et dans la première partie de la loi 14 de notre titre; mais Ulpien donne un avis contraire. Il déclare la stipulation valable dans les deux cas : si les héritiers font adition en vertu de la maxime : *hæreditas jacens personam defuncti sustinet ;* s'ils ne font pas adition, par suite de cette rétroactivité qui affecte nécessairement le droit du père. De même que ce droit rétroagissait durant toute la vie du fils, s'il mourait *intestat,* de même, suivant Ulpien, il doit encore rétroagir pendant tout l'intervalle écoulé entre la mort du fils et la répudiation de ses héritiers.

Ce principe admis, la stipulation sera valable, puisque l'esclave a eu un maître qui lui a conféré sa personnalité au moment de la stipulation (1).

Il existe ainsi contradiction entre la loi 33 *de adquir. rer. dom.* et la première partie de la loi 14 *de castr. peculio ;* mais tout d'un coup Papinien termine

---

(1) L. 33, *de adquir. rer. Dom.*

par ces mots : « *Sed paterna verecundia nos movet,
quatenus et in illa specie, ubi jure pristino apud patrem
peculium remanet, etiam adquisitio stipulationis vel
rei traditæ per servum fiat.* » Cette fin de la loi 14
est si contraire à la loi 18, *de stipul. serv.* du même
jurisconsulte; elle est si peu en harmonie avec la
distinction judicieuse qu'il fait dans le paragraphe
suivant de cette même loi 14, que les commentateurs ont reconnu que ces derniers mots n'appartiennent pas à Papinien lui-même : Cujas et
Pothier en font une note d'Ulpien; M. Pellat y voit
une interpolation des rédacteurs des Pandectes : il
se fonde sur ce que le genre de style semble appartenir au latin incorrect du Bas-Empire. Les jurisconsultes emploient toujours *quatenus* dans le sens
de : *après que;* tandis que, dans la loi 14, on le fait
signifier *à tel point que;* en outre les mots : *paterna
verecundia*, qu'on chercherait inutilement dans les
notes d'Ulpien, semblent bien plutôt appartenir à
Tribonien.

Si, comme nous le pensons, il y a interpolation,
on peut dire que, dans la pensée de Papinien, le
bénéfice de la stipulation n'était nullement acquis
au père, quant au legs fait à l'esclave, il profitera
au père, nous dit le jurisconsulte, dans le § 2 de la
loi 14, ces deux décisions opposées n'ont rien de
contradictoire; en effet, l'efficacité de la stipulation,
même conditionnelle, se détermine d'après l'époque
où elle a lieu : *ex præsenti vires accipit*, tandis que le
legs peut rester en suspens.

Le *peculium castrense*, laissé par le fils mort intestat, était, avant Justinien, recueilli par le père *jure peculii;* ce prince modifia les droits du père en étendant au *peculium castrense* l'ordre de succession établi pour le *pécule adventice.*

Le fils eut alors une véritable hérédité *ab intestat,* qui s'ouvrait au profit de 1° ses enfants; — 2° ses frères et sœurs; — 3° son père.

Les commentateurs sont divisés sur le point de savoir si, depuis cette innovation, le père venait, comme auparavant, *peculii jure,* ou était appelé *jure hereditatis.*

Voici le texte, qui donne matière à controverse *si vero intestati decesserint, nullis liberis vel fratribus superstibus, ad parentem corum. peculium jure communi pertinebit.*

Cujas et M. Ortolan veulent que : *jure communi* soit synonyme de *jure peculii.*

Cujas, en effet, dans ses notes sur les Institutes de Justinien (LIV. 22, TIT. XII, NOTE 5) s'exprime ainsi : *jure communi, id est quasi peculium paganum; atque ita filius-familias in castrensi peculio non omnino jus patris-familias sustinet. (*D., L. ULT. AD S.-C. TERTULL.*)*

M. Ortolan, confirmant cette doctrine, ajoute que si l'on veut se reporter à la paraphrase de Théophile, l'un des rédacteurs de Justinien, on y trouve ces mots : *jure communi, id est tanquam peculium paganum;* or, en présence d'une assertion aussi formelle, émanant d'une grave autorité, le doute est-il possible ?

D'ailleurs, le droit commun était ici le droit de pécule et non l'ordre successif tout exceptionnel établi pour les biens maternels.

Enfin il ressort de l'étude des textes, qu'ici le droit est attribué à celui des ascendants qui est investi de la puissance paternelle, tandis que les biens maternels appartiennent à l'ascendant le plus proche, c'est-à-dire au père (1).

A côté de cette opinion, qui, nous l'avouons, invoque à son appui des arguments très-sérieux, s'en élève une autre soutenue par des auteurs recommandables, dont les motifs nous paraissent péremptoires : Vinnius, Fernandez de Retes, dans son traité *de castrensi peculio*, et M. Ducaurroy, regardent les expressions : *jure communi* comme signifiant : *jure hereditario, id est tanquam hereditas legitima.*

Voici ce que dit Vinnius dans son commentaire des Institutes sur le passage qui nous occupe : *Jure communi, id est jure hereditario, ut est in textu, D, 3, de bonis quæ liberis* (2). *Explodendum igitur quod Cujacius et Pac. Fabrot. in margine notant jure patrio, jure peculii a veteri et abrogato, in L. 2. de castr. pecul.*

Fernandez de Retes fait en outre remarquer que si l'on admettait la paraphrase de Théophile, si le père succédait au fils *tanquam in peculio pagano*, il

---

(1) *M. Ortolan. Inst. de Just.*, t. 2, p. 29.

(2) Cette loi est formelle, le pécule est une véritable hérédité pour les enfants du fils de famille. *Ad liberos eorum eædem res jure hereditatis non ad patres, jure peculii transmittuntur.*

devrait exclure tous autres parents, comme il le faisait autrefois, et le fait encore au temps de Justinien, à l'égard des biens profectices.

Enfin M. Ducaurroy ajoute à ces motifs, qu'on repousserait en vain l'argument qui précède, en disant que les droits du père, assoupis en cas de survie des enfants, des frères et sœurs du défunt, se réveillent dès que ceux-ci font défaut; les textes sont précis et emploient des termes qui ne laissent pas de doute sur les droits du père : *jus ordo successionis*.

SECTION III.

PECULIUM QUASI CASTRENSE.

Le principe fondamental de la famille romaine, ébranlé par la concession du *peculium castrense*, reçut une nouvelle atteinte par la création du *peculium quasi castrense*.

Comme l'intérêt des empereurs fut longtemps leur guide dans les réformes qu'ils accomplirent en notre matière, que leur trône reposait sur l'attachement de l'armée, les soldats eurent, pendant de longues années, le monopole des priviléges de cette nature ; mais, l'on comprit, dans la suite, que ces innovations devaient procéder d'idées plus élevées, et qu'il fallait accorder au travail, à l'intelligence, au talent, prodigués au service de l'état les faveurs dont jouissait le courage militaire.

Certains biens, à l'imitation du *peculium cas-*
trense, furent, sous le nom de *pequlium quasi cas-*
trense, réservés au profit de certains fonctionnaires
désignés (dont le nombre tendit à s'accroître de
plus en plus), soustraits au pouvoir du père et
attribués au fils, en pleine propriété.

A quelle époque ce péculo prit-il naissance ?

Dans les Pandectes, son nom se rencontre toujours à côté des mots *peculium quasi castrense.*

Vinnius nous fait remarquer que ces expressions
se trouvent très-fréquemment dans le Digeste : *non*
semel tantum, aut ad summum semel et iterum, ut
falso Mynsingerus existimat, sed sæpius hujus quasi
castrensis peculii mentio fit.

Devons-nous en conclure que cette institution
remonte à la jurisprudence classique ou bien devons-nous penser, avec Heinneccius et Pothier, que
ces textes ne sont que des interpolations glissées
par Tribonien ?

Nous penchons vers cette seconde opinion ; nous
y sommes porté par différents motifs. Nous lisons
cette note que Pothier ajoute après l'énumération
des textes relatifs au *peculium quasi castrense :*
verum hi textus à Triboniano interpolati sunt (Dig.
liv. XLIX, tit. XVII).

De plus, la constitution de Constantin, au code,
semble créer un privilége nouveau (1) ; d'ailleurs,
si les divers fragments qui citent le *peculium quasi-*

_____

(1) L. unic. au c., *de castr. omn. pulat.*

castrense proviennent d'Ulpien, il paraît bien étonnant que ses *regulæ juris* n'en fussent aucune mention.

Vinnius et Cujas soutiennent la doctrine opposée. Ils se fondent sur les mots *anteriores leges*, par lesquels Justinien, dans ses Institutes, aurait fait allusion aux citations précédentes; nous trouvons dans Cujas (note 12, Inst., liv. 2, XI, § 6, *cum ait leges, Pandectas intelligit ;* et dans Vinnius, *Leges Pandectas intelligo cum Cujacio. Etenim ea, quæ legibus continentur de hoc quasi castrensi peculio, non esse ex lege aliqua ad populum lata, sed ex constitutionibus argumento est, quod ipse peculium castrense, cujus exemplo comparatur quasi castrense peculium ex constitutionibus est.* »

Suivant Fernandez de Retes, les mots *anteriores leges* se référeraient aux *rescripti principum*, et aux *responsa prudentum* antérieurs à Constantin, et les mots : *principales constitutiones* aux constitutions des empereurs postérieurs. Je pense, d'ailleurs, qu'avant Constantin, la faculté d'avoir un *peculium quasi castrense* avait été exceptionnellement accordée à certains fils de famille.

Constantin, par une constitution datée de 321, décida que les officiers du palais auraient la pleine propriété de ce qu'ils gagneraient dans l'exercice de leurs fonctions, soit par leurs économies, soit par les dons de l'empereur.... *vel parcimonia quæsierint, vel donis nostris fuerint consecuti.*

Ce privilége fut étendu par Théodose et Valentinien, aux avocats et fonctionnaires du prétoire préfectoral ; par Honorius, aux avocats et assesseurs de toute juridiction ; par Léon Anthémius, aux évêques, aux chefs de presbytères et aux diacres orthodoxes ; par Anastase, aux huissiers *(silentiarii)* du palais impérial ; Justinien l'accorda aux médecins du prince, aux professeurs d'arts libéraux, à tous ceux qui reçoivent des dons de l'empereur et de l'impératrice ou sont rémunérés par l'état : *qui salaria vel stipendia percipiunt publica.*

Le droit de tester sur le *peculium quasi castrense* avait été, avant Justinien, octroyé par faveur aux consuls, proconsuls, préfets de légion, évêques et présidents de provinces.

Justinien accorde la *factio testamenti* à tous ceux qui ont droit au *peculium quasi castrense ;* mais le testateur devra user des formes ordinaires, et ne jouira que de la faveur de voir son testament à l'abri de la *querela testamenti inofficiosi.*

Justinien assimile le *peculium quasi castrense* au *peculium castrense.* Les règles qui concernent l'un sont applicables à l'autre.

SECTION IV.

PECULIUM ADVENTITIUM.

Comme nous avons déjà eu l'occasion de le remarquer, la politique a été le mobile des réformes que nous avons étudiées, et qui sont relatives aux principes pécuniaires constitutifs de la famille romaine.

Constantin songea le premier à l'état malheureux des fils de famille qui, ne se trouvaient pas dans les positions exceptionnelles donnant droit aux pécules *castrense* ou *quasi-castrense;* il créa, pour améliorer leur situation, un patrimoine distinct de celui du chef de famille, nommé *peculium adventitium.*

La jurisprudence classique avait déjà, avant Constantin, dérogé dans certains cas exceptionnels, en dehors du *peculium castrense*, au principe qui défend au fils de famille de rien acquérir pour lui-même.

Constantin généralisa cette exception en décidant que les biens recueillis par le fils, dans la succession de sa mère, *sive ex testamento*, *sive ab intestat*, lui appartiendraient en nu-propriété, avec réserve d'usufruit au père, sa vie durant.

Arcadius et Honorius étendirent ce privilége à tous les biens arrivant au fils, à quelque titre que ce soit, d'un ascendant maternel.

Théodose et Valentinien attribuèrent en nu-propriété à l'époux donataire ce qui lui est donné par son conjoint.

Léon et Anthemius, d'après l'avis de Julien, confirmé par Gaius, étendirent cette dernière constitution à tous les dons faits par l'un des fiancés à l'autre.

Enfin Justinien, généralisant d'une manière absolue le principe introduit par Constantin, décida que le fils conserverait la nu-propriété exclusive de tous les biens qui lui proviendraient par un fait quelconque, *vel ex liberalitate fortunæ, vel ex laboribus suis, vel ex aliis quibuscumque causis*, à moins que ces biens ne provinssent *ex substantia patris* ou ne fussent donnés au fils *ex contemplatione patris*. Tel fut le pécule *adventice* dans sa plus large extension.

§ 1er DROITS DU PÈRE ET DU FILS SUR LE PECULIUM ADVENTITIUM.

Le père jouit de l'usufruit du pécule adventice ; mais ses droits sont ici plus étendus que ceux d'un usufruitier ordinaire : *Rerum habeat parens plenissimam potestatem ... et gubernatio sit penitus impunita.* Il est dispensé de donner caution, de fournir hypothèque, de rendre compte à la fin de l'usufruit.

Justinien nous en donne le motif : *Paterna verecundia eum excusante.*

Est-il tenu de faire inventaire ?

Doneau l'assujettit à cette formalité.

Du reste, sauf ces exceptions, le père n'est qu'un usufruitier ordinaire : il ne peut ni aliéner ni hypothéquer.

L'acheteur de bonne foi ne pourrait même opposer la prescription. On doit cependant apporter un tempérament à ce principe : *quod autem de præscriptione dictum est, id temperatur in auth. seq. ex nov. 22, cap. 25, ut præscriptio currat quidem. Sed ab eo demum tempore, quo filius familias agere potuit,*

scilicet quo sui juris factus est. (Bruneman, *comment.*
in cod., de bon, quœ liberis. L. I.)

La vente est exceptionnellement permise au père
dans quatre cas : 1° lorsque la succession qui tombe
dans le pécule adventice est grevée de dettes, le père
peut vendre *filii nomine* la partie des biens de l'hérédité nécessaire à l'acquittement des dettes. C'est
même pour lui un devoir rigoureux ; s'il négligeait
de l'accomplir, il devrait supporter les intérêts des
dettes qu'il aurait négligé d'éteindre, sur les revenus
annuels de son usufruit, ou même sur son propre
bien, *ex reditibus vel ex substantia sua* (1).

2° Lorsque le testament qui institue son fils contient des fidéicommis ou des legs annuels ou non,
le père devra vendre ce qui est nécessaire pour les
acquitter, en commençant par les meubles, une fois
arrivé aux immeubles en vendant de préférence
ceux d'un rapport nul ou insignifiant (2).

3° Lorsque la misère l'empêche de satisfaire à
ses besoins et à ceux de sa famille, il peut vendre
les biens héréditaires, ou les hypothéquer (3).

4° Lorsque certains objets sont plus onéreux
qu'utiles à conserver, l'argent provenant de leur
vente sera réservé au fils, ou employé à l'amé-
lioration des autres biens (4).

Le père a seul qualité pour intenter les actions

(1) L. 8, § 4. C. : *de bon. quœ liber.*
(2) L. 8, 81, C., *de bon. quœ liberis.*
(3) L. 8, § 5, *hoc titulo.*
(4) Ibid.

relatives au pécule adventice; toutefois, si le fils est présent ou majeur, son consentement est indispensable.

Le père usufruitier est tenu des charges qui pèsent ordinairement sur les revenus. L'obligation d'entretenir et de nourrir les enfants lui incombe : *non propter hereditatem sed propter naturam ipsam et legem.*

L'usufruit du pécule adventice, au lieu de s'éteindre par l'émancipation de l'enfant, se trouve seulement restreint à la moitié des biens sur lesquels il portait.

Cette concession a été faite aux ascendants, *pretio quodam modo emancipationis,* dans la crainte que la perte complète de leur usufruit ne les détournât d'affranchir leurs enfants.

Cette attribution de l'usufruit de la moitié des biens adventices a remplacé, sous Justinien, la pleine propriété du tiers des biens que Constantin, pour les mêmes raisons, avait adjugée au père émancipateur (1).

§ 2 DROITS DU FILS SUR LE PECULIUM ADVENTITIUM.

Il ne peut ni aliéner, ni hypothéquer les biens qui le composent sans le consentement de son père; il ne peut faire aucune donation à cause de mort, et se trouve incapable de soutenir un procès relatif à son pécule.

(1) L. 6, § 3, *hoc tit.* — Inst. lib. ii, tit. 9, § 2.

Les droits du fils, paralysés pendant la vie du père, se retrouvent, à la mort de celui-ci, dans leur intégrité; il ne rapporte pas, à la succession de son père, les biens dont ce dernier avait l'usufruit (1).

L'usufruit peut quelquefois, même du vivant du père, se trouver sur la tête du fils réuni à la nu-propriété.

Les biens, par cette consolidation, forment une masse distincte, régie par des règles spéciales désignées par Heineccius, Mackeldey, M. De Savigny, M. De Fresquet, sous le nom de *peculium extraor-dinarium vel irregulare.*

Ce pécule est ainsi constitué pour le fils :

1° A sa majorité, si son père est remarié (2) ;

2° Lorsque la donation a été faite sous la clause que le père serait privé de son droit d'usufruit sur les biens donnés (3) ;

3° Lorsque le père renonce à la jouissance (4) ;

4° Lorsqu'il refuse de faire adition d'une héré-dité que son fils veut accepter (5) ;

5° Lorsqu'il est mauvais administrateur (6) ;

6° Lorsque les parents du fils ont divorcé sans cause légitime, (7) ; dans ce cas, leurs biens sont dévolus à leurs enfants, sauf une petite partie de

(1) L. 6, § 2, in fine, de bonis quæ liber. C.
(2) L. 2, C. Theod. de bon. maternis.
(3) Nov. cxvii, cap. i
(4) L. 6. § 2, de bonis quæ liber. C.
(5) L. 8, in princ. C., de bon. quæ liber.
(6) L. 50. D., ad S. C., Trebellianum.
(7) Nov. cxxxii, cap. xi.

leur fortune réservée aux couvents où doivent être renfermés la femme et le mari coupables.

7° Tombent dans le *peculium extraordinarium*, les biens que les enfants recueillent, en concours avec le père, dans la succession d'un de leurs frères ou sœurs prédécédés (1).

Quels sont les pouvoirs du fils sur le *peculium extraordinarium ?*

La répugnance du droit romain à reconnaître au fils une personnalité indépendante de celle du père, se manifeste encore ici. Tout en reconnaissant au fils un droit de pleine propriété, on y admet, dans ce cas, certaines restrictions.

Le fils, bien que pouvant aliéner à titre onéreux ou à titre gratuit les choses qui composent ce pécule, n'a le droit d'ester en justice relativement à ce même pécule, qu'après avoir requis le consentement de son père par une sorte d'acte respectueux (2).

On controverse la question de savoir si les dispositions testamentaires sont permises au fils de famille.

Les partisans de la solution affirmative se fondent sur le § 5 de la loi 8 au C. de *bon. quœ liberis*, qui n'enlève expressément au fils le droit de tester qu'à l'égard des biens dont le père a l'usufruit ; et ils en concluent par *a contrario*, que le fils doit avoir le droit de tester sur les biens dont l'usufruit n'appar-

(1) *Nov.* cxvii, *cap.* ii.
(2) l. 8, *in pr., de bon. quœ liberis.*

tient pas au père, et en particulier sur les biens du *peculium extraordinarium.*

Sans doute la loi 11 au code *qui testam. fac.*, rappelle en termes formels l'ancienne législation, *antiqua lex,* qui défendait au fils tout testament ; mais elle ajoute que des exceptions ont été introduites à cette règle : *nisi in certis casibus,* ce qui comprendrait le cas dont nous parlons, car cette *antiqua lex* à laquelle Justinien fait allusion dans la loi 2, est justement le § précité au code *de bon. quæ liber,* dont l'interprétation, par *a contrario,* autoriserait, au profit du fils, la disposition testamentaire du *peculium extraordinarium vel irregulare.*

Enfin si le fils est plein propriétaire de ce pécule, s'il peut l'aliéner entre vifs à titre gratuit ou onéreux, il doit en avoir *a fortiori* la disposition testamentaire.

Mais Vinnius (Commentaire sur les inst. liv. 12, titre XII, aux mots : *Præter hoc igitur, qui castrense*) réfute, avec avantage, la doctrine ci-dessus exposée.

En effet, l'argument *a contrario,* que l'on pouvait tirer de la loi 8, au code § 5, avait frappé Justinien lui-même ; aussi, par la loi 11 au code, *qui testam. facere,* tranche-t-il les doutes. Il y déclare que la loi précédemment promulguée n'accorde nullement au fils de famille la permission de tester sur son *peculium adventitium.*

L'intention de Justinien ressort manifestement de la comparaison des deux textes dont il s'agit.

D'ailleurs, lorsque Justinien ordonne qu'à l'égard des testaments des fils de famille on se conformera à *l'antiqua lex*, il serait ridicule de voir dans ces mots *antiqua lex* une allusion à la constitution 8, § 5, *de bon. quœ liber*, constitution que l'empereur reconnaît, dès le commencement de la loi 11, avoir récemment promulguée, et qu'il ne pourrait qualifier *d'antiqua lex*, puisqu'elle n'est antérieure que d'un an ou deux à cette même loi 11.

Quant au dernier argument de l'opinion contraire, il n'a pas une grande portée pour quiconque a quelque notion de droit romain. La *factio testamenti* n'a, en effet, aucun genre de rapport avec le droit de propriété et, pour que le droit de disposition par testament existe, il faut qu'une loi expresse l'ait nommément accordé.

Il s'élève aussi d'assez vives controverses sur la question de savoir si le fils de famille peut donner *mortis causa*, sans le consentement de son père, les biens qui composent le *peculium extraordinarium*. Godefroi, Bartole, Peruzius, Romanus, Jason, le président Fabre, Ricard et Furgole soutiennent l'affirmative. Merlin, avec le président Bouhier, se prononce en sens contraire.

Nous avons dit que le fils de famille ne peut disposer, par testament, du *peculium extraordinarium;* la loi lui donne pour héritiers *ab intestat*, ses descendants; puis ses frères et sœurs germains, consanguins, utérins; enfin, à leur défaut, le père.

Les Novelles changent cet ordre et donnent au père le droit de concourir avec les frères et sœurs germains, mais elles lui refusent tout droit de jouissance sur les biens auxquels il ne succède pas en pleine propriété.

Tel est l'ensemble des réformes introduites successivement dans le droit de puissance paternelle.

Si l'on se reporte maintenant à ces temps où le chef de famille était le seul propriétaire, où le fils devait attendre les jours de sa vieillesse pour espérer jouir en maître des biens dont il avait, par ses labeurs et son activité, enrichi le patrimoine paternel, on comprendra que Justinien ait pu s'applaudir, au nom de l'humanité, de la réforme poursuivie avec tant de zèle par ses prédécesseurs, et à laquelle il eut le bonheur de contribuer lui-même par de nombreuses constitutions.

Si toutefois nous voulons rechercher, avec le judicieux Godefroi (1), la cause principale de ces heureuses modifications, nous la trouverons avec lui dans cette doctrine sublime, qui, par son influence, changea la face du monde romain : *Christiana disciplina paulatim patriæ potestatis duritiam emolliente* ce fut le Christianisme qui fit comprendre : « que la puissance paternelle peut être fondée sur l'autorité et le respect, sans qu'il soit besoin que le fils fasse abstraction de sa personnalité et soit étranger à la vie civile (2). » Sans doute, à l'époque où nous sommes parvenus, les vrais principes de la puissance paternelle, dégagés de l'aspérité antique,

(1) God. tit. de bon. maternis, C. Théod.
(2) M. Perier-Ducoudray, thèse de doctorat, soutenue devant la faculté de Caen, en 1851.

s'étaient fait jour; mais, même dans la société du Bas-Empire, de nombreux abus régnaient encore. Il fallut, pour les anéantir, que le Christianisme fît entendre la voix de ses conciles, et ce n'est que lorsque les principes d'humanité, semés par cette religion divine, eurent commencé à porter leurs fruits, que l'on vit s'effacer les derniers vestiges d'une législation qui avait souillé les mœurs de Rome aux plus beaux jours de sa splendeur !

DEUXIÈME PARTIE.

ANCIEN DROIT FRANÇAIS.

CHAPITRE PREMIER.

DE LA PUISSANCE PATERNELLE CHEZ LES GERMAINS ET SOUS LES ROIS FRANCS.

Le prestige des aigles romaines était depuis long-temps perdu : battu en brèche par des flots de barbares, dont l'audace avait grandi à l'ombre de ces forêts du nord, où Rome, à l'époque même de sa gloire, n'avait jamais pénétré, l'empire d'Occident venait de s'écrouler : les provinces furent la proie des vainqueurs ; les Gaules échurent aux Francs, aux Visigoths, aux Bourguignons.

Pour fonder son pouvoir sur des bases solides, Rome avait substitué son droit national aux traditions gauloises. Cette tâche lui avait été d'autant

plus facile, qu'au double témoignage de César (1) et
de Gaius (2), l'organisation de la famille gauloise
avait des traits d'une ressemblance frappante avec
la constitution de la famille romaine.

Les Francs comprirent que la rudesse de leurs
propres lois ne pouvait convenir aux mœurs policées
du pays qu'ils avaient conquis; ils crurent de bonne
politique de laisser aux vaincus le privilége d'être
jugés selon leurs lois : la législation devint personnelle et non territoriale; chacun était régi par les
lois de sa nation; l'on vit des rois germains revêtir
de leur sanction des recueils de lois romaines, tels
que ceux-ci : *Lex romana visigothorum* ou *brevia-
rium alaricianum — Lex romana burgundiorum.*

Chez les Germains, ce peuple idolâtre et barbare,
dont les Francs n'étaient qu'une tribu, régnait cette
idée noble et généreuse de protection du faible par
le fort. Un auteur justement estimé (3), M. Pardessus, y voit même un des caractères distinctifs de
la législation germanique.

Ces principes produisirent comme application les
pouvoirs du *mundium* (4) ou de la *mainhour.* « Le

(1) *Comment., de bell. Gallic.* t. vi, cap. 10.... *Viros in uxores pariter ac
libero vitæ necisque habuisse potestatem.*
(2) Gaius, I. § 55.
(3) *M. Pardessus*, L. SALIQ , P. 451, 3ᵐᵉ dissert.
(4) Heineccius (*Antiq. Germ.*, liv. II, § 132) nous donne, en ces termes,
l'étymologie du mot mundium : *mund Germanis est os. Quum vero ad eorum,
qui alios in potestate habent, officium pertinet eis præcipere ore eosque
verbis, quoties opus est, defendere : usu inaluit ut munu pro potestate ac
tuitione acciperetur. Id vero vel inde patet quod veteris in mundio esse,
latine exprimerent : in verbo, sermone, vel ore esse. (Lex salica, t. II, § 8 :*

mundium ou *mainhour* n'est autre chose que la mise en œuvre de ce principe général de défense et de tutelle, appliqué dans des mesures différentes, par le roi envers les faibles et les *antrustions* placés à divers degrés sous sa parole ou sa sauvegarde, par le *chef de bande*, envers les compagnons d'armes unis sous son patronage, par le *père de famille*, ou à son défaut par les *parents paternels* à l'égard des *enfants mineurs*; et enfin *par le mari à l'égard de la femme* (1). »

Nous donnons une notion sommaire du *mundium* pour prouver, par cet exemple, qu'à l'idée de pouvoir les Francs savaient unir l'idée de protection. L'esprit qui se manifeste dans cette institution du *mundium*, nous apparaîtra bientôt d'une manière plus nette dans l'esquisse que nous allons tracer de la puissance paternelle chez les Germains.

Ce sentiment de protection pour le faible, qu'on s'étonne de trouver chez un peuple guerrier encore enveloppé dans les ténèbres d'une sauvage ignorance, est du reste le seul point commun qui existe entre le *mundium* et la puissance paternelle dans la législation germanique.

Sous tous les autres points de vue, ces deux pouvoirs sont étrangers l'un à l'autre; et, pour n'en signaler qu'une différence, remarquons, en passant,

---

si pupilla quæ trahitur in verbis regis fuerit; et т. 89, § 1 : nex eum extra sermonem ponet). Voir Marculf. lib. 1, formul. 21. Gregor. Turron., lib. VIII. cap. 12.

(1) M Laferrière, hist. du droit franc. т. III, p. 181.

que le *mundium* est essentiellement viril (1), tandis que la mère a sa part dans le droit de puissance paternelle.

Plus conforme que le droit quiritaire aux principes de la loi naturelle, le droit germanique accordait à la mère, concurremment avec son mari, la jouissance et l'exercice de la puissance paternelle.

Tacite nous apprend que les Germains, dès l'époque la plus reculée, exigeaient pour le mariage des enfants le consentement de la mère aussi bien que celui du père : « *dotem non uxor marito, sed uxori maritus offert. Intersunt parentes (non ut apud Romanos soli patres) et munera probant* (2). »

A cette autorité se joignent des témoignages plus récents, parmi lesquels nous citerons la loi des Visigoths : *patre mortuo, utriusque sexus filiorum conjunctio in matris potestate consistat, et quod si, marito superstite, uxor forsitan morietur, filii qui sunt de eodem matrimonio procreati, in patris potestate consistant* (3).

Enfin la loi des Saxons (*lex saxonum*, tit. vi) et la loi salique (*lex salica*, LXX, § 1) consacrent ce principe.

Si de nombreuses dispositions de notre code civil sur la puissance paternelle ont été puisées dans les constitutions du Bas-Empire, la participation de la mère aux droits que les Romains réservaient au

---

(1) M. Pardessus, *loi saliq.* p. 481.
(2) Tacite, *de morib. German.*
(3) *Lex visigoth.*, loi III, tit. 2, § 13.

père sur les enfants, est un principe national, un héritage que les Francs, nos ancêtres, nous ont pieusement légué.

§ 1er DROITS DU PÈRE DE FAMILLE SUR LA PERSONNE DE L'ENFANT.

Les lois germaines, plus rationnelles et plus justes que celles de Rome en ce qui concerne les biens de l'enfant, tombaient dans les erreurs du droit romain en ce qui regarde la personne.

Si ces deux législations portent, en quelques points, la marque d'un caractère très-nettement opposé, elles n'en ont pas moins, sous d'autres rapports, des traits d'une ressemblance remarquable en ce qu'elles subissent l'influence fatale des ténèbres et de la barbarie contemporaine ; toutefois, le droit de vie et de mort est trop opposé aux idées germaines, pour qu'il ait été probablement appliqué : « *numerum liberorum finire aut quemquam a gnatis necare flagitium habetur*, » nous dit Tacite dans sa monographie.

Quant au droit de vente, selon Thomas, les Germains n'en auraient jamais fait usage, mais Heineccius ne partage pas cette opinion. Tacite constate, en effet, dans ses annales (1) au sujet des Frisons, l'exercice de ce droit, au moins dans le cas d'extrême misère.

(1) Annal., lib. IV, cap. 72, ... *eos tributis ingentibus exhaustos primo boves, mox equos, postremo corpora conjugum ac liberorum servitio tradidisse.*

8

Le chap. IV, livre VI, de la compilation des capitulaires, atteste le même fait : *A Garolo magno cautum fuit : ut si quis vendidisset filiam suam in famulam, non egrederetur, sicut ancillæ exire consueverint.*

Les preuves n'en sont pas rares dans les historiens ; ainsi le père Labbe, auteur de la vie de saint Junien, nous apprend qu'une mère, veuve même, pouvait vendre son enfant.

L'influence civilisatrice du christianisme vint modifier ce régime barbare.

Quant au droit d'exposition, il fut d'une application fréquente sous les rois des deux premières races. Il en est question dans les capitulaires (*capitul., anni 744, cap. 1 ; capitul., lib. VI, cap. 144*) et dans un synode, auquel Boniface assista, il fut décidé que celui qui avait exposé son enfant, avait dix jours pour le réclamer, mais que, passé ce délai, la personne qui l'avait recueilli serait à l'abri de toutes réclamations postérieures.

§ 2. DROITS DU PÈRE DE FAMILLE SUR LES BIENS DE L'ENFANT.

La maxime : *Quidquid adquirit filius, non sibi sed patri adquirit* n'était pas admise chez les Germains.

Leur législation reconnaît au fils la propriété de tout ce qui est acquis par lui ou à cause de lui.

Le principe romain, que nous connaissons, n'étant pas applicable, les exceptions qu'on y avait introduites, les *pécules castrense, quasi castrense, adventice,* n'étaient pas non plus reconnus.

Seulement, le père avait sur les biens de l'enfant, jusqu'à *l'œtas perfecta*, une administration et une jouissance à peu près analogues à l'usufruit que lui concède aujourd'hui notre code civil ; nous remarquons, en effet, à ce sujet, un passage du titre VIII des *capita extravagantia*. On y suppose qu'un homme veuf, qui a des enfants, se remarie. Sa première femme avait laissé des biens ou que ses parents lui avaient donnés, comme il est dit dans les titres VII et XLV de ces mêmes *capita extravagantia*, ou dont elle avait hérité, de plus elle avait laissé la dot constituée par son mari à son profit, qui d'après la formule IX du livre II de Marculf, passait à titre de succession à ses enfants. Cette hypothèse étant donnée, on décide que, dans ce cas, le père, quoique remarié, aura la jouissance de ces biens. *Si tamen filii parvuli sunt, usque ad perfectam œtatem, res anterioris uxoris vel dotis causa liceat patri judicare (cdd. disponere,* d'après Ducange), *sic vero de his ne tradere nec donare præsumat.* Cette décision, qui est donnée pour le veuf qui se remarie, est à plus forte raison vraie à l'égard de celui qui est veuf sans être remarié ou de celui qui est encore marié avec la mère de l'enfant (1).

Cette attribution au père de l'usufruit des biens des enfants ne provenait pas d'une distinction bien tranchée entre l'usufruit et la nu-propriété ; cette distinction, si nettement dessinée dans le droit

---

(1) M. Pardessus, *loi sal.*, p. 157, *dissertation* 3me.

moderne, était ignorée des Germains, qui ne connaissaient que la nu-propriété.

La jouissance dont il s'agit, n'était, à leurs yeux, que la conséquence forcée de l'administration du père aux lieu et place de l'enfant, et cessait tout naturellement avec cette administration ; c'était, pendant l'incapacité momentanée de l'enfant propriétaire, l'exercice du droit de propriété par le père, sauf certaines restrictions, notamment la défense de vendre ou de donner apposée dans l'intérêt de l'enfant.

Mais si le père vient à mourir, la loi salique ne nous dit pas entre les mains de qui passait l'administration des biens de l'enfant. La *lex Burgundiorum* (1) accordait à la mère veuve, mais non remariée, la tutelle de ses enfants mineurs et la jouissance de leurs biens. A la mort de la mère, la jouissance prenait fin, et il y avait lieu à une tutelle exercée par les plus proches parents paternels. La loi saxonne se prononce dans le même sens (2).

Ces quelques traits généraux suffisent pour faire apprécier l'esprit de la législation germaine sur les effets de la puissance paternelle. Ces principes nouveaux ne devinrent pas, dès la conquête, la loi des vaincus : Gondebaud, dans le préambule de la *lex Burgundiorum* (3), déclare que les Romains

(1) Titres 85 et 59 *lex Burgund.*
(2) *Jus. pr. sax., lib. 1, art. 23.*
(3) Lindenbrog, p. 207.

seront jugés selon leurs lois. Clothaire, roi des Francs, ordonne la même chose (1).

Il résulta de cette sage politique de la monarchie franque, que, durant cette première période, les peuples de l'ancienne Gaule conservèrent la puissance paternelle selon les règles établies par les derniers empereurs ; quant aux familles d'origine germanique, elles restaient fidèles aux traditions suivies avant l'invasion.

CHAPITRE SECOND.

DE LA PUISSANCE PATERNELLE DANS LES PAYS DE DROIT ÉCRIT ET DANS CEUX DE DROIT COUTUMIER.

Vers le règne de Charles-le-Chauve, les rapports entre les conquérants et les vaincus étant devenus de plus en plus intimes, le droit, de personnel qu'il était, devint territorial ; c'est alors que commença à se dessiner la ligne de démarcation, assez mal tranchée d'ailleurs, qui divisa la France en pays coutumier et en pays de droit écrit.

Au midi, les Francs étaient en minorité, et l'occupation romaine, moins tardive et plus complète,

---

(1) Baluze, *capitul.* lit. 2.

avait laissé des traces profondes et des germes indélébiles.

Au nord, l'élément germanique était dominant, et d'incessantes migrations, postérieures à l'invasion, l'avaient encore alimenté et développé.

Telles sont les raisons pour lesquelles les provinces méridionales conservèrent, sous le nom de droit écrit, l'organisation justinienne, modifiée par les usages locaux ; tandis que, dans les provinces septentrionales, sous la désignation de droit coutumier, les coutumes franques prévalurent, sans rester toutefois pures de tout élément étranger.

La puissance paternelle suivit donc ainsi, sous ce rapport, le sort de toutes les institutions juridiques.

Dans les pays de droit écrit, la puissance paternelle continue, comme en droit romain, d'appartenir exclusivement au père ; et même, dans les parlements de Toulouse, de Dauphiné, de Provence, où le mariage n'émancipait point, elle s'étendait non-seulement aux descendants du premier degré, mais à tous les descendants par mâles.

Le fils de famille non émancipé n'avait, durant la vie du père, aucune autorité sur ses propres enfants.

Dans les pays de coutumes, la puissance paternelle, suivant les traditions germaines, était commune au père et à la mère.

Cette attribution est, d'ailleurs, conforme au vœu de la nature : « Nous honorons et respectons également dans notre père comme dans notre mère, nous dit Catellan (liv. iv, chap. 8), l'image et l'ordre de Dieu, et s'il m'est permis de détourner en ce sens le sens profane d'un poëte : *Deus est in utroque parentum.* »

Lecamus, d'Houlouve et Voët, constatent cette participation de la mère au pouvoir paternel ; mais la mère ne l'exerçait qu'à défaut du père.

Les coutumes de Mons (1), de Liége (2) et de Valenciennes, transféraient, même au nouvel époux de la femme remariée, la puissance qu'elle avait sur les enfants du premier lit.

Selon la coutume de Montargis, au contraire, la puissance paternelle, entre roturiers, n'appartenait pas à la mère. La coutume de Bailleul, en Flandre, contenait la même disposition, sans toutefois la limiter aux roturiers.

Cette puissance, dans tous les cas, ne s'étend que sur les descendants au premier degré.

SECTION Ire.

DROITS DU PÈRE DE FAMILLE SUR LA PERSONNE DE L'ENFANT.

Les effets rigoureux du pouvoir paternel sur la personne des enfants, que nous avons si vivement critiqués dans le droit romain, s'étaient singulièrement adoucis à l'époque où nous sommes parvenus ;

(1) *Cout. de Mons,* ch. 8, 9, 10, et 36.
(2) Liége, chap. 1, art. 7.

et il n'y avait guère entre les pays de droit écrit et ceux de droit coutumier, qu'une seule différence, c'est que dans les premiers, ces droits sur la personne étaient exercés par le père seul, à l'exclusion de la mère.

Les pères étaient chargés d'élever et d'instruire leurs enfants, et, comme moyen de poursuivre ce but, ils n'étaient plus investis que du droit de correction, restreint d'ailleurs dans des limites raisonnables. En cas d'abus évidents de l'autorité paternelle, l'enfant qui en était victime pouvait porter plainte auprès des tribunaux, qui intervenaient entre l'opprimé et l'oppresseur.

Quelquefois, lorsque la faute de l'enfant intéressait la sécurité et la morale sociale, les tribunaux se montraient plus sévères que le père lui-même, et Basset (t. II, liv. IV, sect. 12), fait mention d'une sentence rendue par un père contre son fils, qu'il avait condamné à vingt ans de galères, sentence qui, sur l'appel à minimâ interjeté par le procureur géral au parlement de Grenoble, fut cassée et changée en une condamnation aux galères perpétuelles.

De droit commun, le père n'avait, du reste, que la faculté de faire enfermer l'enfant dans une maison de force, de sa propre autorité (1), encore fallait-il qu'il ne fût pas remarié.

Les père et mère remariés n'avaient que le droit de requérir une ordonnance, à cet effet, du lieutenant civil de la province qu'ils habitaient.

_____

(1) Arrêt du parlement de Provence du 18 Octobre 1611, rapporté par Boniface, t. 3, liv. v, titre 3, ch. 1.

SECTION II.

DE LA PUISSANCE PATERNELLE SUR LES BIENS DE L'ENFANT.

---

§ 1er PAYS DE DROIT ÉCRIT.

Les effets de la puissance paternelle dans les pays de droit écrit, sur les biens des enfants, sont déterminés par le dernier état du droit romain, dont ils suivent, à cet égard, scrupuleusement les règles.

Nous y trouvons mis en pratique la distinction des différents pécules : *pécules profectice, adventice, castrense, quasi-castrense.*

En principe, le père qui a ses enfants sous sa puissance, jouit pendant toute sa vie de l'usufruit des biens qui leur appartiennent, qu'ils proviennent de la succession de leur mère ou de toute autre autre circonstance. Bretonnier sur Henrys nous signale à cette règle les exceptions suivantes ; ce sont celles admises : 1° pour les biens du *pecu-lium castrense* et du *pecutium quasi castrense*, c'est-à dire pour les gains et profits que le fils de famille peut faire dans les emplois, charges et dignités de la guerre, de la robe ou de l'église, pourvu que ce ne soient pas des emplois vils ou peu relevés, tels que ceux des huissiers, sergents, greffiers , etc. (1). On

---

(1) Serres , *institutions de dr. fr.* liy. 22. tit. 9, § *exceptis videlicet.*

voit à cet égard, dans Merlin, les nombreuses dis-
cussions qui s'élevaient sur le plus ou moins d'extension à donner au *peculium quasi castrense.* (1).

Quant aux huissiers, Cujas (2) leur refuse formellement un *peculium quasi castrense.*

2° Pour les biens arrivés aux enfants par succession, legs, fidéicommis ou donation, quand le
père refuse d'autoriser ses enfants à les accepter (3).

3° Le père n'a pas non plus l'usufruit des parts
et portions pour lesquelles ses enfants ont succédé
à leurs frères et sœurs, conjointement avec lui (4).

4° Le père, chargé de rendre à ses enfants, ne
jouit pas des fruits quand le testateur l'a ainsi or-
donné expressément, et même, quoiqu'il ne l'ait
pas fait, s'il paraît que telle ait été sa volonté (5).

5° Il n'a pas enfin l'usufruit des biens donnés ou
légués à ses enfants, à condition que le père n'en
aura pas l'usufruit.

Merlin ajoute, à cette énumération, que l'usufruit
paternel ne s'étendra pas non plus.

6° Sur les biens donnés par un étranger à une
fille pour lui servir de dot (6).

7° Sur les biens que la fille acquiert après le
mariage, lorsqu'avec le consentement de son père

(1) V. *Puiss. patern.* sect. 1, § 3.
(2) L. 2, c., *de appparitoribus.*
(3) L. 8, *de bon. quæ liber.*
(4) Nov. 118. ch. 2, *verst si vero...* arrêt du parlement de Grenoble,
    5 févr. 1661 (Basset. т. 2, liv. LV, tit. 10, ch. 5.
(5) L. 18, ad S. C. Trebell.
(6) Arrêt de Toulouse du 10 Octobre 1882.

et en sa présence, elle s'est constituée en dot tous ses biens présents et à venir.

Le père, usufruitier, doit faire inventaire, mais il est dispensé, en général, de donner caution.

Le père conserve son usufruit, même après son second mariage, et après la mort de son fils en puissance.

§ 2. PAYS COUTUMIERS.

Dans le pays de droit coutumier, les effets pécu-niaires de la puissance paternelle étaient généralc-ment inconnus (1).

C'est ce qui a donné occasion à Pontanus, sur l'art. 1er de la coutume de Blois, à Dumoulin, sur l'art. 3 de celle de Paris, gl. 2, à Ricard, sur l'art. 22 de celle de Senlis, à Coquille, dans ses institutions, de dire que les Français n'ont retenu qu'une faible image de la puissance paternelle, et qu'ils ont re-tranché du nombre de ses attributs l'usufruit du pécule *adventice* des enfants.

Aussi Ferrière assure-t-il « *que dans les cou-tumes muettes, le père ne gagne point les fruits des héritages donnés à son fils ou qui lui appartiennent, de quelque côté que ce soit, si ce n'est en vertu de la garde* (2).

Merlin (3) cite un arrêt du Parlement de Paris,

(1) Accurse, § 1, *de patr. potest.*
(2) Ferrière, art. 239 de la coutume de Paris.
(3) Répert., v°. usup. patern., § 1, n° 2

de l'an 1528, rapporté par Papon (1), conforme à cette doctrine.

Mais il ne faudrait pas accepter comme vraies les paroles de Pontanus, de Dumoulin, de Ricard et de Coquille : la législation des pays coutumiers est loin d'être uniforme sur le point qui nous occupe, elle présente, au contraire, les divergences les plus contradictoires.

La disposition du droit romain à l'égard de l'usufruit du pécule adventice a été, en effet, adoptée par plusieurs coutumes, entre autres par celle de Reims, Vermandois, Montargis, Châlons, Sedan, Bourbonnais, Berri, Auvergne, Poitou, Bretagne.

Le pouvoir du père, qualifié de légitime administration par les dernières de ces coutumes, n'en est pas moins un usufruit analogue à celui du droit romain, sauf certaines modifications de durée. Nous lisons dans la coutume du Bourbonnais, art. 1740 : « *Le père est administrateur légitime des biens maternels adventifs de ses enfants étant en puissance, et fait les fruits siens, si bon lui semble, jusqu'à quatorze ans quant aux filles, et dix-huit ans quant aux mâles, etc.* »

D'autres coutumes, telles que celle de Nivernais, art. 2, n'accordaient au père qu'une administration sans profit, ce qui n'est autre chose qu'une tutelle légitime. Un certain nombre, telles que celles de Paris, art. 267, de Blois, tit. 2, art. 4, d'Orléans,

_____

(1) Liv. XIV, tit. 2, n° 10, Papon.

art. 26 et 27, accordaient au père et à la mère l'usufruit des biens de leurs enfants, jusqu'à ce que ceux-ci aient atteint un certain âge; mais ce n'était pas à titre de puissance paternelle, mais à titre de bail ou de garde.

Les lois du Hainaut distinguent les biens des enfants en trois classes : les francs-alleux, qui sont exempts de tout usufruit (1), les fiefs, qui sont assujettis au droit de garde ou de bail (2), les meubles et main-ferme, qui tombent dans l'usufruit paternel proprement dit (3).

Les coutumes de Bourbonnais et d'Auvergne refusaient à la mère le droit d'usufruit.

La coutume du chef-lieu de Mons, chap. 36, soumettait le père, comme le serait un étranger, à faire inventaire des biens sur lesquels porte l'usufruit.

La coutume de Valenciennes n'admettait les père ou mère à l'usufruit des objets mobiliers, qu'autant qu'ils avaient été préalablement vendus et employés en achats de rentes ou héritages.

En Hainaut, un arrêt du 17 Octobre 1710 a jugé, à l'unanimité des juges appelés à le rendre, que lorsque l'usufruit paternel prenait fin, le père ne pouvait prétendre réclamer les arrérages échus pendant qu'il était usufruitier, mais dont il n'avait point alors fait le recouvrement. (4).

(1) Art. 1 et 8 combinés, ch. 57, chartres générales.
(2) Art. 1, chap. 81, ibid.
(3) Art. 8, chap. 92, ibid.
(4) Merlin, v° usuf., patern., § 4.

L'usufruit paternel s'éteint par la mort du père, à qui il est déféré, par la perte des biens, par la prescription, par la mauvaise administration du père et par la réunion de la propriété dans sa main.

La coutume de Valenciennes, art. 15, prescrit en outre aux pères et mères qui se remarient, de faire inventaire, sous peine de déchéance de leur usufruit.

En général la mort du fils et sa majorité mettaient fin à l'usufruit paternel.

L'émancipation, en règle générale, ne faisait pas cesser l'usufruit paternel.

Tel est l'aspect général que présentait en-France le droit de puissance paternelle relativement soit aux biens soit à la personne de l'enfant, quand éclata la révolution de 1789, qui vint y apporter des modifications profondes.

CHAPITRE TROISIÈME.

DROIT DE PUISSANCE PATERNELLE A L'ÉPOQUE DE LA RÉVOLUTION.

Nous avons pu remarquer, dans le chapitre précédent, que les règles qui s'appliquaient à la puissance paternelle, tant dans les pays de droit écrit que dans ceux de droit coutumier, avaient un caractère essentiellement variable, souvent même assez mal défini, et qu'une réforme en cette matière était vivement réclamée par les meilleurs esprits.

L'un des premiers effets de la révolution, fut de fonder dans notre patrie l'unité de législation, de réunir dans un même recueil les lois qui régiraient la France entière, et d'effacer à jamais ces distinctions de pays coutumiers et de pays de droit écrit.

On jugea indispensable, à cette époque, d'enlever à la magistrature paternelle le caractère despotique dont l'avaient revêtue les principes trop sévères du droit romain, et le décret du 28 Août 1792, qui dispose que « les majeurs ne seront plus soumis à la puissance paternelle, » fut, à plus d'un titre, une heureuse réforme; mais énerver de plus en plus les liens déjà si relâchés de l'autorité des pères et mères sur leurs enfants, jusque dans les pays de coutume, c'était dépasser la mesure et ébranler les fondements de la constitution de la famille!

L'esprit de vertige qui suivit le mouvement révolutionnaire, exerça sa terrible influence sur les modifications apportées, par nos législateurs, dans la matière qui nous occupe.

Aussi, quels détestables fruits porta ce tribunal domestique, organisé par le décret des 16-24 Août 1790!

Par ce déplorable décret, les violents novateurs de cette époque, non contents d'avoir détruit le pouvoir monarchique, semblent en avoir voulu poursuivre l'emblème jusqu'au sein du foyer domestique. Il ne fut plus permis au père de famille d'exercer seul sa bienveillante magistrature. On voulait bien encore lui reconnaître le droit de corriger son enfant, mais un injurieux contrôle devait surveiller l'exercice de la répression : Le père et le fils devaient comparaître et décliner leurs motifs devant un tribunal de famille ; en un mot, c'était un véritable procès dont le sort pouvait, on le comprend, si fortement compromettre l'autorité paternelle, que, même dans les cas les plus urgents, le père renonçait à recourir à un moyen si périlleux pour lui.

La loi du 20 Décembre 1792 vint porter le dernier coup à la puissance paternelle, en supprimant toute nécessité d'actes respectueux pour les enfants qui étaient d'âge à pouvoir contracter mariage sans le consentement de leurs ascendants.

Affaiblie et discréditée par de telles mesures, l'autorité du père de famille languit dans une impuissance à peu près complète, durant toute la période révolutionnaire.

L'anarchie inouïe de cette époque, ces drames sanglants de chaque jour, attentats de tout genre, sans exemple dans l'histoire des siècles antérieurs, apprirent à la France consternée à quels excès peut mener le mépris du principe d'autorité.

Une réaction salutaire eut lieu ; et, tout en rétablissant un pouvoir politique, fort et respecté, on comprit que le calme ne pouvait renaître complètement qu'en rendant au père de famille une autorité suffisante pour maintenir ses enfants dans la vertu, dans l'amour de l'ordre et du travail.

TROISIÈME PARTIE.

CODE NAPOLÉON.

CONSIDÉRATIONS PRÉLIMINAIRES.

Sous l'empire du *Code civil* des Français, appelé depuis *Code Napoléon*, les mots : puissance paternelle, présentent deux acceptions différentes.

Dans un sens large, elle comprend l'ensemble des droits et des devoirs, qui résultent, entre les ascendants et les descendants, de leurs qualités réciproques.

Dans un sens spécial, celui sous lequel se renferme le titre neuvième du code civil, la puissance paternelle est : « Un droit fondé sur la nature et confirmé par la loi, qui donne au père et à la mère, pendant un temps limité et sous certaines condi-

6

tions, la surveillance de la personne, l'administration et la jouissance des biens de leurs enfants (1). »

Les effets juridiques de la puissance paternelle, considérés sous le premier point de vue, sont épars çà et là dans les différents titres de nos codes, avec lesquels ils ont la relation la plus directe.

Ainsi, l'enfant est tenu, pour se marier, de uérir, d'après certaines distinctions, tantôt le co ntement, tantôt le conseil de ses père et mère et au res ascendants (art. 148, 149, 152, 153);

Les ascendants peuvent former opposition au mariage de leurs enfants et descendants (art. 173), et même, en certain cas, en demander la nullité (art. 182, 184, 191);

Les enfan s doivent des aliments à leurs père et mère et autr s ascendants dans le besoin (art. 205, 207);

Il leur est interdit, avant vingt-cinq ans, de se donner en adoption sans le consentement des père et mère (art. 346) ;

Les mêmes consentements sont exigés pour la fille mineure de vingt-un ans qui veut prononcer des vœux, et pour le fils mineur de vingt-cinq ans qui veut entrer dans les ordres (2).

La contrainte par corps ne peut exister entre ascendants et descendants, d'après la loi du 17 avril 1832.

(1) M. Réal, exposé des motifs, séance du 23 vent. an XI. »
(2) Décret du 18 février 1809, art. 7, et du 28 février 1810, art. 4. — Dans l'ancienne jurisprudence : Pothier, Traité des personnes, part. 2, tit. 6, section 2.

La tutelle de l'enfant mineur est déférée de plein droit au survivant des père et mère ou aux autres ascendants (art. 390);

Les ascendants peuvent accepter, au nom de l'enfant mineur, les donations qui lui sont faites (art. 935);

Ils ont une réserve sur la succession de leurs enfants (art. 913, 915);

Ils sont autorisés à faire une substitution exceptionnelle au profit des enfants nés et à naître de celui de leurs enfants dont ils redoutent la prodigalité (art. 896, 897);

Ils peuvent faire entre leurs enfants le partage anticipé de leurs biens (art. 1075).

Un membre du conseil d'état avait proposé de réunir, dans un même titre, toutes les dispositions relatives à notre matière, et de traiter, dans ce titre, ce qui concerne la quotité disponible et la réserve ainsi que la responsabilité civile des père et mère, à raison des délits et quasi-délits commis par leurs enfants.

Ce système était celui de nos anciens auteurs, qui traitaient de l'exhérédation, à propos de la puissance paternelle. A cette idée, M. Réal fit l'objection suivante, qui triompha : « Presque toutes les matières de la législation ont entre elles de la connexité; il est donc nécessaire de classer les dispositions qui ont trait à la puissance paternelle, dans les lois, d'où l'on ne pourrait les écarter, sans laisser une lacune trop marquée, et de ne réunir ici que les dispositions qu'on ne peut placer ailleurs (Locré, législ. civ., t. vii, p. 19). »

Nous suivrons, dans notre étude, le système admis par nos législateurs ; et, négligeant les effets les plus éloignés de la puissance paternelle, nous nous contenterons d'en signaler et d'en approfondir les conséquences les plus directes.

Avant d'entrer dans ces détails, il nous semble convenable d'examiner quelle est la portée juridique de ce précepte de l'art. 371 :

« L'enfant, à tout âge, doit honneur et respect à ses père et mère. »

Partant de cette idée que le code n'est pas un livre de morale, et que de tout précepte formulé par lui doivent découler des commandements ou des défenses, revêtus d'une sanction légale, certains auteurs (1) ont prétendu déduire de notre article un effet de droit en dehors des conséquences que la loi elle-même en a tirées.

Devons-nous, avec ces jurisconsultes, interdire aux enfants, en vertu de l'art. 371, le droit d'intenter contre leur père ou mère une action déshonorante et d'obtenir contre eux la contrainte par corps ?

Nous pensons, comme M. Demolombe, que ce n'est pas dans le droit romain qu'il faut aller chercher la solution de cette question : nous y voyons en effet défendre à l'enfant d'actionner son ascendant

(1) M. Duranton, iii, n° 350.

en justice, sans la permission du préteur (L. L. 6
et 24 F. F. *de in jus vocando*) ; ou bien encore de
l'exproprier au-delà du : bénéfice de compétence ;
mais ces prohibitions sévères ne sont pas plus dans
l'esprit que dans la lettre de nos lois. Les travaux
préparatoires du code nous démontrent clairement
que nous ne pouvons donner aucune extension aux
conséquences pratiques et positives que le législateur fait expressément résulter de l'art. 371.

Lors de la discussion au conseil d'état, un membre
de l'assemblée ayant proposé de supprimer l'article
dont il s'agit comme inutile, M. Bigot-Préameneu
répondit : « que cet article contient le principe
dont les autres ne font que développer et fixer les
conséquences, et que, d'ailleurs, en beaucoup
d'occasions, il deviendra un point d'appui pour
les juges (Locré, Législ. civ., t. VII, p. 28.) »

De même, M. Vesin, dans son rapport au tribunat,
appuyant le maintien de l'article, reconnaissait
« qu'il ne contenait pas, à proprement parler, de
disposition législative (1). »

Cet article a été, comme on l'a fait observer,
inséré dans le même but que l'art. 212, au titre du
mariage ; et, en effet, s'il avait eu l'importance
qu'on veut lui attribuer dans l'autre opinion, eût-on
eu besoin d'insérer dans la loi du 17 Avril 1832,
une disposition spéciale pour défendre l'exercice
de la contrainte par corps entre ascendants et
descendants ?

(1) M. Vesin, *Rapport au tribunat; séance du 1er germinal an XI.*

Du reste, si le respect dû aux parents entrait dans les motifs de la loi de 1832, ce que nous devons y remarquer, c'est, avant tout, le désir de maintenir l'esprit de famille, puisque le législateur s'oppose également à ce que la contrainte par corps soit prononcée au profit du mari ou de la femme, des ascendants eux-mêmes et des frères et sœurs du débiteur (1).

L'art. 380 du code pénal confirme notre opinion, bien qu'il soit invoqué par les partisans de la doctrine adverse : Il déclare, il est vrai, que les soustractions commises par les ascendants au préjudice de leurs descendants ne produisent, en faveur de ceux-ci, qu'une action purement civile ; mais cette action, même adoucie dans sa gravité, n'a-t-elle pas pour résultat de déshonorer les parents qui en sont l'objet ? Nous sommes donc encore ici bien loin du rigorisme romain, qui déniait à l'enfant toute action déshonorante.

Enfin, si les art. 334 et 335 du code pénal punissent de l'emprisonnement et de l'amende, et même de la perte de la puissance paternelle, le père ou la mère qui aura excité, favorisé ou facilité la corruption de ses enfants, le premier système osera-t-il, pour être conséquent avec lui-même, refuser à la victime de cet attentat le droit de chercher un refuge auprès de la justice et d'intenter, contre l'ascendant, une poursuite qui mettra son honneur en péril ?

(1) Valette sur Proudhon, t. 1, p. 238, note A. ii, in fine.

Toutefois, nous reconnaîtrons, avec M. Bigot-Préameneu (dans le discours précité), que les juges peuvent trouver, dans l'art. 371, « un point d'appui. »

Les juges pourraient, par exemple, comme le disait le tribun Albisson (1) devant le corps législatif, déclarer l'ascendant recevable dans une demande en dommages-intérêts, lorsque, dans un procès soutenu contre ses enfants, ceux-ci : « passant, dans leurs moyens de défense, les bornes que le respect doit leur prescrire, se mettraient dans le cas d'y être ramenés par des admonitions ou des actes d'animadversion plus ou moins sévères, selon la nature de leur offense (2). »

Telle est, à notre avis, l'interprétation qu'il faut donner à l'art. 371.

Nous renfermant désormais dans l'étude de la puissance paternelle proprement dite, nous examinerons, dans un premier titre, ses effets sur les enfants légitimes ; et dans un second, nous fixerons les règles qui, en cette matière, sont spéciales aux enfants naturels.

(1) Discours de M. Albisson, orateur du tribunat, séance du 3 germinal, an XI.

(2) MM. Valette sur Proudhon, II, p. 298, note 1. Demol., tome VI, p. 219 — Cass., rejet. 16 Déc. 1829.

TITRE PREMIER.

Des effets de la puissance paternelle en ce qui concerne l'enfant légitime.

Les effets de la puissance paternelle, peuvent être envisagés, au double point de vue de la personne et des biens.

De là, notre division en deux chapitres, que nous reproduirons, pour le même motif, dans le titre second, relatif aux enfants naturels.

CHAPITRE PREMIER.

DROITS DU PÈRE SUR LA PERSONNE DE L'ENFANT LÉGITIME.

Ce chapitre se divise en trois sections.

SECTION Ire

QUI PEUT EXERCER LA PUISSANCE PATERNELLE SUR LA PERSONNE?

Comme l'obligation de nourrir, d'élever et d'instruire les enfants, est imposée par la loi à chacun des époux, et que la puissance paternelle n'est qu'un moyen, mis en leur main, pour arriver à l'accomplissement de ce devoir, la justice et l'équité exigeaient que la mère eût sa part d'autorité et d'influence.

Mais toute autorité, pour être forte, ne peut souffrir de partage, c'est au mari que l'exercice en appartient exclusivement, pendant le mariage (art 372).

Ce n'est qu'en vertu des textes formels et spéciaux, que la mère peut, par exception, être associée concurremment avec le père à l'exercice de la puissance paternelle. Les art. 146 et 346 nous en fournissent des exemples.

L'art. 1388, interdit au père toute renonciation à cette autorité en faveur de la mère, fût-ce même par contrat de mariage. Tomberait donc sous le coup de la règle d'ordre public, posée par l'article 1388, toute clause par laquelle les futurs époux, qui ne professent pas les mêmes croyances, stipulent que les garçons seront élevés dans la religion de leur père, et les filles dans la religion de leur mère; la justice, contrairement à l'opinion de MM. Pont et Rodière, devrait n'avoir aucun égard à une convention de cette nature.

Tant que le père existe, la mère n'a pas d'action directe sur le gouvernement de la famille. Mais que décider si, durant le mariage, le père se trouve dans l'impossibilité légale ou physique d'exercer son autorité ?

Nous ne pouvons admettre l'opinion que paraît enseigner Proudhon, qui, s'en tenant au pied de la lettre de l'art. 372, n'accorde à la mère que la survivance, et lui refuse, par argument *a contrario*, toute espèce de participation à la puissance paternelle avant le décès du mari.

En effet, cette autorité est en principe commune au père et à la mère ; si la mère n'en a point ordinairement l'exercice pendant le mariage, c'est que l'action de son mari met obstacle à la sienne. Mais, si cette action du père est entravée par quelque circonstance exceptionnelle, telle que la présomption d'absence (art. 141), son interdiction judiciaire ou légale (art. 502, c. civ.; 29 c. p.), ou une condamnation correctionnelle pour excitation de ses propres enfants à la débauche (c. pén., art. 335), la mère, disait M. Vesin au corps législatif, prend la place du père. Pothier nous apprend que telle était aussi la doctrine de l'ancien droit. Il accordait, en effet, à la mère, l'exercice de la puissance paternelle (1) « non-seulement après la mort du père, mais encore dans le cas auquel, pour sa démence ou son absence, le père ne pouvait l'exercer. »

Quant à l'affaiblissement intellectuel du mari, la femme ne serait pas admise à s'en prévaloir ; elle ne pourrait l'alléguer comme prétexte que dans le cas exceptionnel du mariage d'un enfant commun, encore devrait-elle obtenir l'autorisation du tribunal.

(1) *Traité des personnes*, part. iii, tit. 6, sect. 2.

SECTION II.

DE QUELS ÉLÉMENTS SE COMPOSE LE POUVOIR SUR LA PERSONNE?

Le législateur ne pouvait pas définir juridiquement tous les attributs, petits et grands, de la puissance paternelle, « il ne pouvait que s'en remettre, pour ces détails de la vie domestique, aux mœurs, aux usages, aux habitudes de famille, et surtout à la tendresse des parents (1). »

C'est au père et à la mère qu'il appartient de former ces jeunes intelligences, de leur donner les premières notions de religion et de morale, de les disposer à bien remplir la position qu'ils doivent occuper dans le monde.

Pour rendre possible aux parents l'accomplissement de ces obligations, la loi a décrété deux sortes de dispositions.

La première, relative à la garde et à la résidence de l'enfant.

La deuxième, au droit de correction dont le père est armé contre son enfant.

§ 1er DE LA GARDE ET DE LA RÉSIDENCE DE L'ENFANT.

L'enfant ne peut quitter, sans la permission de son père, la maison paternelle ou toute autre résidence où il aurait été placé par ses parents (art. 372).

(1) M. Demol., t. II, n° 301.

Cette règle souffre une exception, commandée par l'intérêt public : le code permet, comme le faisait Pothier (1), au fils, de s'enrôler volontairement, même malgré son père, à dix-huit ans révolus. Plus tard, on reconnut que le désir de se soustraire à l'influence paternelle avait souvent, dans ces engagements prématurés, une plus large part que l'amour de la patrie, et comme, du reste, l'état ne réclamait plus un aussi grand nombre de défenseurs, la loi du 21 Mars 1832, art. 32, porta à vingt ans l'âge de l'enrôlement volontaire.

La justice et l'humanité réclamaient une autre exception. L'enfant, livré par ses parents à des excès intolérables, accablé de mauvais traitements ou poussé à l'immoralité, peut obtenir, de la justice, la faculté de se constituer une résidence distincte du toit paternel, par une procédure analogue à celle dont on use, dans le même but, au cas de séparation de corps.

Si l'enfant contrevenait à la disposition de l'art. 374, le père aurait le droit de le ramener chez lui, même *manu militari*, en obtenant, à cet effet, un ordre du président. Le premier consul, disait, à ce sujet, au conseil d'état (2) : « Le fils ne peut, sans le consentement de son père, quitter la maison paternelle ni voyager ; s'il se le permet, le père a le droit de le faire ramener (3). »

(1) Pothier, *des personnes*, part. 1, tit. ii, sect. 2.
(2) Locré, *Législ. civ.*, t. vii, p 20.
(3) M. M. Val. sur Proud, i, p. 211, note A, 12 ; Zachariæ iii, p. 675 ; Ducaurroy, Bonn. et Roust. i, n° 350.

§ 2. DU DROIT DE CORRECTION.

Nous ne devons pas entendre, sous ce titre, les
petites punitions que les père et mère jugent convenable d'infliger à leurs enfants dans l'intérieur de
la famille.

Il s'agit ici d'un moyen énergique de répression
contre des écarts très-graves, commis par un enfant
rebelle. Dans ces cas extrêmes, la loi autorise la détention de l'enfant avec le concours de la force
publique.

Nous étudierons cette force coercitive entre les
mains du père et les modifications qu'elle subit entre celles de la mère.

I. DU DROIT DE CORRECTION EXERCÉ PAR LE PÈRE.

Le père peut exercer ce droit par voie d'autorité
ou par voie de réquisition.

Lorsqu'il agit par voie d'autorité, il n'est pas tenu
de faire connaître ses motifs au président du tribunal, qui lui délivrera un ordre d'arrestation, pour
un mois au maximum (art. 376).

Lorsqu'il emploie la voie de réquisition, le président du tribunal, après en avoir conféré avec le procureur impérial (art. 382), délivre ou refuse l'ordre
d'arrestation ; il entend les griefs du père et juge
s'il y a lieu d'y avoir égard.

Cette seconde voie est la seule ouverte au père :

1° *Lorsque l'enfant a plus de seize ans commencés;* le maximum de la détention est alors de six mois (art. 377). L'enfant, parvenu à cet âge, peut commettre des fautes plus graves qui méritent une répression plus sévère, et il est bon que la détention soit contrôlée par un autre juge que le père, qui pourrait souvent se laisser entraîner par une colère irréfléchie.

2° *Lorsque son père est remarié.* On ne voit que trop souvent, dit M. Duranton (1), une belle-mère se prévenir contre les enfants d'un premier lit, et faire d'un mari faible et aveugle l'instrument docile de ses inimitiés. »

C'est cette influence funeste que la loi veut ici combattre.

Mais si le père remarié est devenu veuf, recouvre-t-il le droit de correction par voie d'autorité? Beaucoup d'auteurs (2) ont enseigné l'affirmative. Ils se fondent sur ce que, la nouvelle femme étant décédée, les craintes de la loi s'évanouissent.

Puis les art. 380 et 381, supposent que le père ou la mère sont actuellement remariés; « *si le père est remarié* » ce qui veut dire s'il est actuellement en état de mariage.

A ces arguments, je répondrai avec la minorité

---

(1) M. Duranton, t. iii, n° 355.

(2) MM. Proudhon, t. ii, p. 216; Toullier, t. ii, n° 1058; Vaseille, *du Mariage*, ii, n° 425; Marcadé, t. ii, art. 375, n°° 2 et 3; Duranton, t. iii, n° 355, Taulier, t. i, p. 184.

des jurisconsultes (1), qu'aucun texte formel ne fait revivre le droit en question que le second mariage a éteint : c'est ainsi que la femme, redevenue veuve, ne recouvre pas la jouissance légale des biens des enfants du premier lit, jouissance que son second mariage lui a enlevée.

Quant aux termes de 380 : « *si le père est remarié,* » on peut les entendre en ce sens : « *si le père n'est pas resté veuf* » ; et, du reste, ce n'est pas sur une interprétation douteuse autant que subtile, que l'on peut baser un droit si exorbitant.

N'est-il pas également évident que les insinuations malveillantes de la belle-mère ont pu lui survivre dans leurs fâcheuses conséquences et laisser une trace profonde dans le cœur du père ?

Enfin la jalousie entre les enfants des deux lits pourrait susciter des querelles au milieu desquelles le père sera bien rarement un juge impartial !

3° *Lorsque l'enfant a des biens personnels ou qu'il exerce un état* (art. 382).

Pour justifier la première de ces deux exceptions, le consul Cambacérès disait au conseil d'état « *que si l'enfant a pour père un dissipateur, il est hors de doute que le père cherchera à le dépouiller, qu'il se vengera du refus de l'enfant, et que peut-être il lui fera acheter sa liberté* (2). »

Nous opposerons à ce motif les art. 1124, 1305,

---

(1) MM. Ducaurroy, Bon. et Roust, art. 38, t. i, p. 393 ; Demol., t. vi, n°* 322 et suiv. ; MM. Massé et Vergé sur Zachariæ, p. 367, note 16.

(2) Locré, *législ. cir.*, t. vii, p. 36.

904 et 907, qui montrent suffisamment que l'enfant, étant incapable de disposer, ne peut acheter sa liberté, comme M. Cambacérès, et après lui MM. Réal et Vesin l'avançaient sans réflexion.

Seulement on pourrait craindre que ces arrangements, nuls en droit, n'eussent, aux yeux de l'enfant, une valeur morale suffisante et qu'il n'eût le scrupule de les exécuter.

L'exception en faveur de l'enfant qui exerce un état, s'explique pleinement par les raisons suivantes : l'enfant, qui se rend ainsi utile à la société est digne d'intérêt, et de plus sa détention pourrait avoir un effet irréparable en lui faisant perdre ses moyens d'existence.

Les art. 380 et 382, qui énoncent les exceptions que nous venons de mentionner à l'exercice de la voie d'autorité quand l'enfant a moins de seize ans, ne déterminent pas alors quelle sera la durée de la détention; suivant nous cette durée ne peut excéder un mois.

En effet, le principe fondamental posé par les art. 376 et 377 est que, si l'enfant a moins de seize ans commencés, le maximum de la détention est d'un mois, s'il a plus de seize ans commencés, le maximum est de six mois. Or, les art. 380 et 382 n'apportent aucune dérogation à cette règle.

Ils se réfèrent, il est vrai, à l'art. 377, mais uniquement à ce qui y concerne la procédure, *la forme* à suivre.

Il importe aussi de remarquer que ces trois exceptions étant conçues en faveur de l'enfant, ce serait méconnaître la pensée du législateur que de retourner contre l'enfant lui-même une disposition bienveillante dont il est l'objet.

D'ailleurs, la raison qui fait la différence, entre le cas où le maximum de la détention est d'un mois et le cas où il peut atteindre six mois, c'est, avant tout, l'âge de l'enfant; or, cette raison est absolue, et s'applique indépendamment de toutes autres considérations, dès que l'enfant a moins de seize ans commencés (1).

D'après l'art. 382, « l'enfant détenu pourra adresser un mémoire au procureur général près la cour impériale, qui aura le droit de révoquer ou modifier l'ordre délivré par le président du tribunal de première instance. »

Faut-il limiter l'exercice de ce recours (2) aux cas où l'enfant exerce un état, ou a des biens personnels, ou en étendre l'application à tous les enfants détenus par voie de réquisition ?

Nous pensons, qu'il faut admettre, au bénéfice de ce recours, tous les enfants détenus par voie de réquisition.

Remarquons d'abord, que les travaux préparatoires du code, sur lesquels se fonde l'opinion contraire, ne nous offrent que des renseignements

---

(1) M. Demol., t. vi, n° 329, contrà MM. Zachariæ, Aubry et Rau, iii, p. 677.

(2) Ce recours n'est pas suspensif, M. Vesin l'a déclaré au tribunat (Locré, législ. civ., vii, p. 75).

peu certains, et même qu'ils pourraient, jusqu'à un point, être interprétés dans le sens du système que nous soutenons.

Cambacérès, se référant au cas où l'enfant aurait, soit des biens acquis par un travail ou une industrie séparée, soit des biens donnés ou légués, sous la condition, que les père et mère n'en jouiraient pas (art. 387), ajoutait que, dans ce cas, il faudrait limiter encore davantage le pouvoir du père. « Peut-être, disait-il, serait-il juste d'autoriser cet enfant à se pourvoir devant le président et la commission du tribunal d'appel, contre la décision du président du tribunal de première instance ; cette décision se-rait cependant exécutée par provision (1). » Cet amen-dement, bien qu'admis, ne fut pas exactement repro-duit dans la rédaction présentée et adoptée séance tenante, de la disposition qui correspondait à notre article actuel 382 (2); elle était ainsi conçue : «Dans le cas où l'enfant aurait des biens personnels, sa détention ne pourra, quel que soit son âge, avoir lieu que par voie de réquisition, et *l'enfant détenu pourra adresser, au commissaire du gouvernement près le tribunal d'appel, un mémoire contenant ses moyens de défense.* »

Le tribunat propose de supprimer la dernière partie de l'article, se fondant d'abord sur ce que la loi n'indiquait pas « *ce que le commissaire du gou-vernement aurait à faire,* et ensuite sur ce que, *non-*

(1) Discussion au conseil d'état, séance du 8 Vendémiaire, an xi.
(2) Séance du 8 Vendémiaire, an xi.

seulement dans le cas prévu par cet article, mais dans tous les autres, rien ne peut empêcher l'enfant détenu de présenter un mémoire.... sans que la loi s'en explique. »

Le conseil d'état, au lieu de supprimer la disposition relative au mémoire de l'enfant, la complète en disant ce qu'auraient à faire les magistrats auxquels ce mémoire serait adressé : toutefois, par une modification qui nous paraît avoir de l'importance, il divisa en deux alinéas, comme on le voit dans le code, la disposition primitive qui ne contenait d'abord que deux membres de phrase unis par une conjonction.

Nous concluons avec MM. Ducaurroy, Bonnier et Roustain (1), qu'en isolant le second membre de phrase pour en faire une phrase principale et distincte, les rédacteurs ont voulu généraliser le principe de droit commun qu'ils consacraient, et cela surtout après les judicieuses observations du tribunat.

Maintenant le langage des orateurs officiels ne nous paraît pas trancher la question d'une manière nette et péremptoire entre nous et nos contradicteurs.

Ainsi, M. Réal (2) n'accordait la faculté de présenter un mémoire justificatif qu'aux enfants qui ont des biens personnels ou qui exercent un état.

M. Vesin, au contraire, dans son discours au corps législatif, soutient que ce droit existe au

(1) MM. Ducaurroy, Bonn. et Roustain, art. 382.
(2) Exposé des motifs par le conseiller Réal au corps législatif.

profit de l'enfant, détenu par voie de réquisition, *dans tous les cas;* le rapport du tribun Albisson, fait au tribunat à la suite de la communication officieuse, consacre la même interprétation : « l'objet de la loi, dit M. Albisson, ne serait pas entièrement rempli, si elle n'avait pas pourvu aux moyens de réparer quelques injustices, les surprises même, qui pourraient être faites aux présidents des tribunaux de première instance ; l'art. 382 veut que, *dans ce cas,* l'enfant détenu puisse adresser un mémoire (1); dans ce cas, c'est-à-dire au cas de surprise faite au président du tribunal, et non pas seulement dans les cas spécialement prévus par le premier alinéa de l'art. 382.

Si les travaux préparatoires du code, que nous venons de soumettre à un sérieux examen, ne sont pas entièrement concluants en notre faveur, ils ne peuvent non plus être souverainement invoqués contre nous; c'est donc dans les principes de raison et les règles du droit commun que nous allons chercher des éléments de conviction.

Est-il possible, rationnellement, de concevoir un motif de différence, sur la question qui s'agite, entre l'enfant qui aura des biens personnels et l'enfant dont, par exemple, le père sera remarié ?

Cependant, d'après le système adverse, le droit de pourvoi contre la décision du Président, appartiendrait au premier et serait refusé au second.

Mais une telle solution serait inexplicable, car il est évident que si accorder le recours à l'enfant

(1) Rapport de M. Albisson au tribunat.

ayant des biens personnels est un privilége difficile
à motiver, le dénier à l'enfant du père remarié
serait une flagrante injustice, puisque cet enfant a
droit, plus qu'aucun autre, à la sollicitude de la loi
et à une protection sérieuse et efficace.

D'ailleurs, nous ne faisons que réclamer ici pour
lui le bénéfice du droit commun. Pour lui enlever
ce droit de recours, il faudrait tout au moins l'autorité d'un texte; et ce texte fait défaut. Le législateur
n'a pas voulu porter ainsi atteinte au principe de
la liberté individuelle !

Le droit de correction, qu'il s'exerce par voie
d'autorité ou par voie de réquisition, est soumis
aux règles suivantes :

1° Il n'y aura aucune écriture ni formalité judiciaire, si ce n'est l'ordre même d'arrestation, dans
lequel les motifs ne seront pas énoncés (art. 378).

M. Réal indiquait en ces termes, le but de cette
sage disposition : « *Donner de la publicité à des
erreurs, à des faiblesses de jeunesse ; en éterniser le
souvenir, ce serait marcher directement contre le but
qu'on se propose, et de ces punitions, qui ne sont
infligées à l'enfance que pour épargner des tourments
à l'âge mûr, ce serait faire naître des chagrins qui
flétriraient le reste de la vie.* »

Il est toutefois peu aisé, dans la pratique, d'obéir
au vœu si clairement manifesté par le législateur ;
car l'agent de la force publique doit dresser procès-
verbal de l'arrestation, et le gardien de la maison
de détention est astreint à dresser un acte d'écrou
(609, inst. crim.).

Toutefois, on peut exiger que partout où il n'existe pas de lieu spécial de détention (1), un registre particulier soit destiné à recevoir les noms des enfants ainsi enfermés dans la maison de correction ordinaire.

Il ne nous paraît pas possible d'admettre que le père soit tenu de verser d'avance une somme suffisante pour fournir, pendant un mois, à l'enfant, des aliments convenables, et nous objecterons à l'opinion contraire, que le droit de correction étant institué dans l'intérêt de l'enfant, il ne faut pas imposer au père des conditions telles qu'elles rendraient fort souvent impossible l'exercice de son autorité.

2° L'art. 373, 1re partie, reconnaît au père le droit d'abréger la durée de la détention, et d'essayer de ramener, par la reconnaissance, l'enfant repentant à de meilleurs sentiments.

3° Si, après sa sortie, l'enfant retombe dans des fâcheux écarts, la détention pourra de nouveau être ordonnée de la manière prescrite aux articles précédents (art. 379, 2° partie).

II. DROIT DE CORRECTION EXERCÉ PAR LA MÈRE.

Lorsque le père n'est plus là pour diriger ses enfants, ses droits passent à la mère, qui se trouve

_____

(1) Un décret du 30 septembre 1807 a autorisé les dames charitables dites du *Refuge de Saint-Michel*, à recevoir dans leur maison les enfants qui méritent la correction paternelle.

armée du droit de correction ; mais la défiance que nous avons vu manifestée par la loi, en certaines circonstances à l'égard du père, prend envers la mère un caractère bien plus marqué, c'est, qu'en effet, le législateur a dû prévoir que la mère, trop faible et trop légèrement alarmée, pourrait peut-être bien facilement recourir à ces moyens extrêmes ; d'un autre côté, il a dû penser qu'une veuve sans défense, dont toutes les actions sont exposées à la critique de la malignité, devait se ménager, dans le concours des deux plus proches parents paternels, des témoins impartiaux, qui pussent toujours attester la nécessité de cette mesure de rigueur, et qui fussent les garants de sa bonne administration (1).

Si, cependant, les parents demeuraient à une trop grande distance, on pourrait les remplacer par des parents de degrés plus éloignés, ou même, par des amis du père.

Dans le cas où il n'y aurait pas de parents paternels, on devrait suppléer aux parents par deux alliés ou amis du père.

De ce que l'exercice du droit de correction est subordonné, entre les mains de la mère, au concours de deux parents paternels, certains auteurs tirent la conséquence qu'elle ne peut abréger la durée de la détention, sans l'accomplissement de ces mêmes formalités ; ils ajoutent que sa faiblesse est surtout à craindre, qu'elle se laisserait trop facilement fléchir par de fausses apparences de repentir.

(1) M. Réal, exposé des motifs devant le corps législatif.

Je suis cependant tenté de reconnaître à la mère, comme on le reconnaît au père, le droit d'abréger la durée de la détention. D'abord ce droit lui est commun avec le père, puisqu'aucun texte spécial ne le lui a enlevé. Puis, si l'enfant ne tient pas ses promesses, elle sera toujours libre de convoquer de nouveau les parents paternels.

La veuve qui se remarie perd tout droit de correction (art. 381), mais recouvrerait-elle le droit de correction si elle devenait veuve de nouveau par la mort du second mari ?

Nous déciderons la négative ; nous avons déja longuement discuté une question analogue, soulevée sur l'art. 380, quand nous avons admis, que le père remarié, qui perd sa seconde femme, ne recouvre pas, par suite de ce décès, le droit de faire détenir, par voie d'autorité, les enfants du premier lit.

Les mêmes raisons militent, dans notre espèce, en faveur d'une solution semblable.

CHAPITRE SECOND.

DROITS DU PÈRE SUR LES BIENS DE L'ENFANT LÉGITIME.

Nous diviserons ce chapitre en deux sections :
La première relative à l'administration légale des père et mère.

La seconde à l'usufruit légal ou paternel que la loi accorde au père ou à la mère sur les biens de leurs enfants.

SECTION Ire.

DE L'ADMINISTRATION DES PÈRE ET MÈRE.

Le code Napoléon, par une véritable singularité, traite uniquement, dans notre titre IX, de l'usufruit paternel; les règles de l'administration légale se trouvent rejetées dans le titre X, de la minorité, de la tutelle, de l'émancipation.

On pourrait en conclure, à tort, que l'administration des père et mère est soumise aux mêmes règles que celle du tuteur. Ce serait faire découler, de cette transposition, des conséquences exagérées. Les rédacteurs du code n'ont eu d'autre but que de régler, comme dit M. Marcadé (1), dans une même série d'idées, l'administration des biens de l'enfant, depuis son bas âge, jusqu'à sa majorité ou son émancipation, en considérant successivement cette administration : 1° pendant l'existence des père et mère (art. 389); 2° après la mort de l'un d'eux (390 à 396) ; 3° après la mort de tous deux (397 et suiv.); mais la place assignée à cet article, n'en est pas moins illogique, puisque le cas dont il s'occupe, n'est pas un cas de tutelle.

(1) Marcadé , code Nap. ii . p. 157.

La tutelle, n'existant pas encore durant le mariage (390), c'est évidemment en vertu de la puissance paternelle seule, que les père et mère peuvent
être chargés de l'administration des biens de
l'enfant.

Le père exerce ce droit d'administration à un
double titre : comme mandataire légal, et, en cette
qualité, l'art. 389 le rend comptable, quant à la
propriété et aux revenus des biens dont il n'a pas
la jouissance ; comme usufruitier, et, dans ce cas,
il ne doit rendre compte que de la propriété des
biens dont il a l'usufruit.

Dans quelles limites le mandat légal dont le père
administrateur est investi, doit-il être renfermé?

Dans le silence complet de la loi à cet égard,
quelques auteurs établissent une assimilation complète entre l'administration du père et celle du
tuteur, tous deux chargés du soin des biens d'un
enfant mineur.

Ils soutiennent que, si l'on n'applique pas les
règles de la tutelle, on tombe dans le plus injuste
arbitraire, puisqu'aucun texte de loi ne définit nettement les pouvoirs des père et mère administrateurs.
C'est qu'alors, disent-ils, il était dans l'intention du
législateur d'étendre les principes de la tutelle au
cas d'administration légale ; ils ajoutent que cette
intention se trouve clairement manifestée, par la
place donnée à l'art. 389 dans le titre de la tutelle (1).

(1) Colmar, 22 Mai 1816, Toulouse, 22 Décembre 1818 ; Persil, art 2121.
n° 36 ; Battur. *des priviég. et hypoth.*, t. II, n° 363.

Ce système, qui brillait par une extrême simplicité, reposait sur l'assimilation de l'administration légale et de la tutelle, assimilation aussi fausse en fait qu'en droit ; aussi, quoique soutenu par de bons esprits, il a fini par être abandonné.

L'assimilation de l'administration légale et de la tutelle est fausse en fait. Effectivement : « *pendant le mariage, les père et mère sont là, se consultant, se concertant tous les deux, veillant en quelque sorte l'un sur l'autre, à leur insu, avec une instinctive émulation de tendresse* (1). »

D'ailleurs, les enfants n'ont pas ordinairement alors de biens personnels, ou s'ils en ont, ces biens sont de peu d'importance. Enfin, il n'y a pas opposition d'intérêts entre le père, la mère et l'enfant, comme cela arrive au cas de prédécès de l'un d'eux.

Cette assimilation est fausse en droit : dans notre ancienne jurisprudence, on accordait à l'administrateur légal des pouvoirs plus étendus qu'au tuteur (2). Le code lui-même consacre formellement cette tradition ; il marque nettement cette différence entre l'administration légale et la tutelle, par la différence de rédaction qui existe entre les articles 389 et 390 ; les travaux préparatoires du code nous montrent que cette différence n'est pas l'effet du hasard, mais celui de l'intention formelle des rédac-

---

(1) M. Demol., VI, n° 415.

(2) Merlin, répert v° *legitim. adm.*, Coquille, art. 2 de la cout. de Nivernais; de Laurière sur Loisel, inst. cout. liv ii, tit. 1, règle 1.

teurs. L'art. 389 n'était pas inscrit dans le projet
du titre de la tutelle, officieusement communiqué
au tribunat, et ce n'est que sur les observations
suivantes, par lui formulées, que fut introduit dans
le code l'art. 389 :

« La section pense que le premier article de ce
» chapitre doit énoncer, en termes précis, quelle
» est, durant le mariage, la qualité du père par
» rapport aux biens personnels de ses enfants
» mineurs, soit pour ce qui concerne la propriété
» de ces biens seulement s'il a droit à la jouissance,
» soit pour ce qui concerne la jouissance et la
» propriété, si l'une et l'autre appartiennent à ses
» enfants. Jamais, jusqu'à ce jour, le père ne fut
» qualifié tuteur de ses enfants avant la dissolution
» du mariage. Si, pendant que le mariage existe,
» la loi n'admettait aucune différence entre le père
» et le tuteur proprement dit, il faudrait que le
» père fût, par rapport aux biens personnels de ses
» enfants, assujetti, durant le mariage, à toutes les
» conditions et charges que la loi impose au tuteur.
» Il faudrait que le père fût sous la surveillance
» d'un subrogé-tuteur, sous la dépendance d'un
» conseil de famille, etc., etc., ce qui répugne à
» tous les principes constamment reçus.

» Il paraît évident que, jusqu'à la dissolution du
» mariage, le véritable titre du père, et le seul
» qu'il puisse avoir dans l'hypothèse dont il est ici
» question, est celui d'administrateur.

» C'est sur cette observation qu'est fondée la

» disposition suivante, que la section adopte : le
» père est, durant le mariage, administrateur des
» biens personnels de ses enfants mineurs. Il est
» comptable, quant à la propriété et aux revenus,
» des biens dont il n'a pas la jouissance, et quant
» à la propriété seulement de ceux des biens dont
» la loi lui donne l'usufruit.

» Tout ce qui concerne la propriété des biens sera
» réglé par les dispositions de la section VIII (1). »

Il n'y a donc aucune assimilation possible, en
fait comme en droit, entre les règles qui régissent
la tutelle et celles qui régissent l'administration
légale ; nous nous contenterons d'emprunter certaines règles de la tutelle pour les appliquer à
l'administration légale.

Nos adversaires se récrient contre l'arbitraire de
notre système. Pour répondre à ce reproche, nous
nous baserons, pour faire notre choix, pour établir notre discernement, sur les principes suivants :

Deux classes de règles distinctes se trouvent
dans la matière de la tutelle, celles qui sont la conséquence du droit commun, toutes les fois qu'il
s'agit de l'administration de la chose d'autrui, et
celles qui sont des dérogations au droit commun en
matière de mandat, tirées de la position particulière
du mineur et du tuteur, l'un par rapport à l'autre ;
nous appliquerons, sans difficulté, les premières à
l'administrateur légal; nous rejetterons les secondes
comme lui étant inapplicables.

(1) Locré, *législ. civ.* t. VII, p. 218.

Ce principe posé, nous allons examiner les conséquences qui en découlent, à un double point
de vue.

1° Au sujet de garanties, de restitutions et de
bonne gestion, qui doivent ou ne doivent pas être
exigées du père administrateur; 2° au sujet de
l'étendue et des limites des pouvoirs qui lui sont
conférés.

Les garanties de bonne gestion et de restitution,
exigées dans l'intérêt du mineur sont :

1° L'hypothèque légale. Elle ne pèse pas sur les
biens du père administrateur, parce que l'hypothèque n'étant pas de droit commun, doit résulter d'un
texte spécial; or, les art. 2121, 2135, 2194, etc.
n'en grèvent que les biens du tuteur, et le père
n'est pas tuteur, puisque la tutelle ne commence
qu'à la dissolution du mariage (390).

Cette hypothèque, si on l'eût admise, eût porté
une atteinte ruineuse au crédit public, car les immeubles du mari, étant déja grevés d'une hypothèque
légale au profit de la femme, se fussent ainsi trouvés
frappés de deux hypothèques générales. Les auteurs et les arrêts, sont du reste unanimes à
repousser ce dangereux système (1).

2° Le subrogé-tuteur.

De ce qu'il n'y a pas de tutelle, tant que dure le

---

(1) MM. Merlin, répert. v° *puiss. patern.*, sect. 1, n° 17. Troplong, des
hypothèques, II, art. 2121, n° 421; Valette sur Proudhon, t. II, p. 282,
note A.; Zacharlæ t. II, p. 121. — Cass. 1 Décembre 1821; Riom, 23 Mai
1822; Lyon, 3 Juillet 1827; Bordeaux, 10 Avril 1815.

mariage, il s'ensuit qu'il ne peut y avoir de subrogé-
tuteur.

Du reste, en fait, la surveillance et la tendresse de
la mère remplacent avec avantage, dans cette fonc-
tion, la sollicitude douteuse d'un parent éloigné.

3° Le conseil de famille.

Un conseil de famille sera placé à côté du père
administrateur. C'est une institution protectrice des
mineurs en général.

4° L'exclusion ou la destitution possible du tuteur.

Sont aussi (art. 444) exclus de la tutelle et même
destituables, s'ils sont en exercice :

1° Les gens d'une inconduite notoire;

2° Ceux dont la gestion attesterait l'incapacité
ou l'infidélité.

Cet article est applicable à l'administrateur légal.

On objecte, à tort, que le père est plus que le simple
mandataire infidèle dont parle l'art. 444. Cette objection ne nous touche point, car même en y faisant droit
et en regardant le père, non comme un mandataire
ordinaire, mais comme un usufruitier, nous dirons
que : ou les actes reprochés au père sont des actes
de négligence, d'incapacité, qui affectent la substance de la chose, et alors nous lui enlèverons
l'usufruit (en vertu des art. 578, 601, 618, qui
imposent à tout usufruitier la charge de conserver
la substance, et d'administrer en bon père de famille); ou les biens eux-mêmes, étant du reste en
bon état de gestion, les actes coupables seront des
manquements aux devoirs de la puissance pater-

nelle, et, dans ce cas, l'administrateur légal sera déchu de son usufruit, pour inaccomplissement de la condition (art. 385) sous laquelle le code lui concède cet usufruit (1).

Devons-nous déclarer communes à l'administration légale, toutes les causes de dispense (section 6), de même que les causes d'incapacité, d'exclusion ou de destitution de la tutelle (section 712)?

Nous décidons la négative : les incapacités et les exclusions sont de droit strict; et, si un texte les a attachées à la qualité de tuteur, rien ne nous autorise, dans la loi, à l'appliquer au père administrateur.

On divise en quatre espèces, les actes que le tuteur peut faire relativement aux biens de ses pupilles.

1° Les actes d'administration que le tuteur peut faire seul ;

2° Les autres, plus importants, pour lesquels l'autorisation du conseil de famille est nécessaire, mais suffisante ;

3° D'autres, plus importants encore, exigeant, par conséquent, outre l'autorisation du conseil de famille, l'homologation du tribunal ;

4° Enfin, certains actes d'un caractère tel qu'ils sont complètement interdits au tuteur.

Quels sont les pouvoirs du père administrateur, relativement à ces quatre sortes d'actes ?

Quant aux actes de la première classe, le père aura, comme le tuteur, le droit de les faire seul ; tels

_____

(1) Ferrières, *des tutelles*, part. iv, section vii, n° 316.

sont en général les actes d'administration (art. 389, 450, 1988).

Mais nous pensons qu'il convient d'assimiler le mandat du père administrateur, à celui en vertu duquel le mari administre les biens personnels de sa femme.

En effet « *le mandat du père comme celui du mari* » *découle de la nature, dont la loi s'est bornée à* » *sanctionner les indications. Le premier est une* » *émanation de la puissance paternelle, de même que* » *le second est une dépendance de la puissance mari-* » *tale, de sorte que dans l'un et dans l'autre, l'admi-* » *nistration du patrimoine n'est qu'une conséquence* » *de l'autorité sur la personne. Tous deux, enfin, sont* » *accordés à l'affection présumée du mandataire pour* » *la personne dont il est appelé à gérer la fortune(1).* »

De cette similitude d'origine nous sommes naturellement amenés à conclure à une similitude de règles entre ces deux mandats.

Dès-lors nous n'appliquerons pas au père l'art. 451, en vertu duquel la présence du subrogé-tuteur est requise dans l'inventaire à faire des biens échus au mineur; le mari dressera cet inventaire comme s'il s'agissait de biens échus à sa femme (art. 1415 et 1504). Il ne sera pas déchu de tous ses droits, faute de faire dans l'inventaire la déclaration de sa créance.

A défaut d'inventaire l'enfant peut, d'après MM. Aubry (2) et Demolombe, établir la consistance de

---

(1) M. Aubry, revue de droit fr. et étrang., I, p. 669.
(2) M. Aubry, même revue, I, p. 670. — M. Demol., VI, n° 435.

8

son mobilier par commune renommée (art. 1415, 1502 et 1442).

Toutefois, la pénalité du troisième alinéa de 1442 ne frapperait pas le père administrateur, puisque cet article suppose un époux décédé, et par conséquent une tutelle, ce qui n'existe pas dans notre matière.

Rejetant l'art. 452, nous permettrons au père comme au mari, la vente du mobilier (1428 al. 2) à l'amiable, sans être tenu d'observer les formes soit de l'art. 452, soit de la loi du 24 mars 1806, soit du décret du 25 septembre 1813; le père jouira de la faculté de conserver certains meubles, sans consulter à cet égard le conseil de famille.

Les dérogations des art. 455 et 458 au principe général de 1153 n'atteignent pas non plus le père administrateur.

L'art. 1718, au contraire, par la généralité de ses termes, s'étend aux baux des biens de tous les mineurs sans aucune exception.

Les actes de la quatrième classe sont interdits au père comme au tuteur : il ne pourra, en conséquence, acheter les biens de son enfant (art. 450, 3° al.) ni faire en son nom une donation, un compromis, etc. Les raisons de décider sont ici les mêmes en fait de tutelle et d'administration légale. Restent deux sortes d'actes :

1° Ceux à l'égard desquels l'autorisation du conseil de famille est nécessaire et suffisante pour le tuteur.

2° Coux à l'égard desquels la loi exige l'homologation du tribunal et même, dans certains cas (art.
467), d'autres conditions encore. Trois opinions sont
en présence sur la question de savoir s'il y a, sous
ce point de vue, identité de règles entre la tutelle et
l'administration légale.

M. Zachariæ (1) affranchit les actes du père administrateur du contrôle exercé soit par le conseil de
famille, soit par le tribunal de première instance,
ce qui emporte pour le père le droit d'hypothéquer
et d'aliéner, en toute liberté, les biens de l'enfant.

Nous répondrons que des pouvoirs si exorbitants
sont incompatibles avec le titre d'administrateur
qui est celui du père. De graves autorités (2) établissent, au contraire, une distinction ; selon elles, le
père serait, à la différence du tuteur, exempt de la
surveillance du conseil de famille, puisqu'il n'y en a
pas et qu'il ne peut y en avoir; mais l'administrateur
légal serait forcé d'obtenir l'autorisation du tribunal, dans les mêmes cas que le tuteur.

Le père pourrait seul, par exemple, accepter ou
répudier une succession échue au mineur (art. 461),
introduire en justice une action relative à ses droits
immobiliers ou y acquiescer (art. 463), provoquer
un partage (art. 465, etc.; et avec l'autorisation du
tribunal, aliéner ou hypothéquer les immeubles du
mineur (art. 457), transiger (art 467), etc.

(1) M. Zachariæ, t. i, p. 202, texte et note 7.
(2) Marcadé, t. i, art. 589, n° 1. — Marchant, code de la minorité, lib. ii,
ch. 1, sect. 2, n° 5. — Delvincourt, t. i, p. 101, note 8. — Duranton, t. iii,
n° 416. — De Freminville, traité de la minorité, t. ii, liv. 2, n° 13.

Nous adoptons la troisième opinion qui étend à l'administration légale, sous ce rapport, toutes les règles de la tutelle (1).

Nous reconnaissons d'abord, avec les partisans de la seconde opinion, que le père ne peut faire des actes de disposition. L'administrateur légal étant un mandataire, n'aurait capacité à cet égard que dans le cas où un texte spécial et exceptionnel lui aurait concédé ce droit. En l'absence de ce texte, nous en sommes réduits à assimiler le père soit au mari, administrant les biens personnels de sa femme, soit au tuteur, administrant ceux du mineur.

Si la position du père nous paraît semblable à celle du mari, comme le mari peut faire des actes de disposition avec le consentement de sa femme, nous serons inévitablement amenés à accorder le même pouvoir au père nanti de l'autorisation du mineur. Mais une telle solution serait contraire à tous les principes, puisque le mineur est incapable, d'après la loi, de donner un consentement valable.

Il ne nous est donc possible que d'assimiler le père à un tuteur purement et simplement en le soumettant aux mêmes formalités.

Scinder ces formalités serait, à notre avis, tomber dans l'arbitraire ; ce serait du reste agir, sans motifs sérieux, contre l'intérêt de l'enfant.

Si maintenant l'on veut supprimer le conseil de

_____

(1) MM. Merlin, *Questions de droit*, t. vi, v° usuf. patern., § 1, p. 612. — Demol, t. vi, n° 416. — Ducaurroy, Bonnier et Roustain, t. i, art. 389, n° 589. — Valette sur Proudhon, t. ii, p. 283, note A, 3.

famille tout en maintenant l'intervention du tribunal , on détruit toute l'efficacité de cette mesure.

Car c'est auprès des plus proches parents que le
juge peut trouver à s'éclairer sur l'état de la fortune
de l'enfant, le degré d'affection du père, l'urgence
des mesures à prendre.

Si l'on m'objecte que le tribunal ne décidera que
sur enquête , je répondrai qu'il est bien inutile
d'imposer au mineur les frais et les lenteurs de
cette procédure, et que les seuls témoins appelés à
déposer dans l'enquête seront ceux-là mêmes qui
auraient fait partie du conseil de famille et dont on
pouvait obtenir gratuitement les avis.

J'ajouterai que les textes qui fixent les conditions
et formalités sous lesquelles les actes d'aliénation et
de disposition concernant les biens des mineurs
seront passés, sont conçus dans des termes généraux, dont le but évident est de comprendre tous
les mineurs ; que le conseil de famille est, en outre,
pour les mineurs, une institution de droit commun
dont le bénéfice ne peut, sans un texte précis, leur
être enlevé (1).

Quant aux travaux préparatoires du code, qu'on
nous oppose, ils ne font pas échec à notre opinion ;
il n'en résulte qu'une chose, c'est que le père administrateur n'est pas, comme le simple tuteur, sous la
surveillance d'un conseil de famille *permanent*
(art. 454).

(1) Comp. art. 457, c. civil., et 953, 954 c. de Proc ; art. 459 c. Nap. et
902 c. de Proc ; art. 457 et 2126 c. Nap., art. 461 et 776 c. Nap.; art. 468 et
838 c. Nap.; art. 467 et 2015 c. Nap., art 464, 465 et 817 c. Nap.

Mais il ne s'ensuit pas qu'*exceptionnellement*, dans certaines circonstances graves, le conseil de famille ne puisse être convoqué.

Cette opinion est consacrée par le projet de rédaction de l'art. 389, émanant du tribunat, nous y lisons : *Tout ce qui intéresse la propriété des biens sera réglé par les dispositions de la section VIII*. Pour quels motifs cet alinéa a-t-il été supprimé dans la rédaction définitive ? Nos adversaires y voient la preuve que l'administrateur légal n'a jamais besoin de l'autorisation du conseil de famille.

Mais il nous semble bien plus simple d'expliquer cette suppression de la manière suivante : cet alinéa conduisait à l'application générale et absolue de la section VIII, chap. II de la tutelle; dès-lors il était en opposition avec les vues manifestées par le tribunat, dans ses observations, et c'est là le seul motif pour lequel il a été justement retranché.

Le père administrateur est tenu de rendre compte (389). Il est soumis à cet égard aux art. 469, 471 et 473, mais il est affranchi des dérogations au droit commun contenues dans les articles 472, 474, 475.

Peut-on donner ou léguer des biens à un enfant mineur, à condition que le père n'en aura pas l'administration ?

Devons-nous reconnaître, avec le droit romain (Nov. 117), la validité de cette clause ?

M. Marcadé appuie la négative sur les considérations suivantes : L'administration légale est un des attributs de la puissance paternelle et ne peut, comme telle, faire l'objet d'une convention (1311); cette condition sera, conformément à l'art. 900, considérée comme non écrite (1).

Ce système nous paraît trop absolu. Nous reconnaissons volontiers qu'une clause de cette nature devrait être déclarée non valide, s'il résultait des circonstances qu'elle est dictée par des motifs de haine et de mépris contre le père.

Mais lorsque rien ne démontre que ce soit une disposition *ab irato*, lorsqu'elle n'a été inspirée au testateur que par un juste sentiment de défiance, fondé sur l'incapacité notoire ou la prodigalité scandaleuse du père, lorsqu'elle n'a d'autre mobile que l'intérêt de l'enfant, pourquoi ne pas suivre la volonté du testateur?

Une pareille clause est-elle contraire aux bonnes mœurs?

Le but du disposant est, dans notre hypothèse, de mettre le bien donné à l'abri des atteintes d'un père dissipateur. Ce but n'a rien d'immoral, à moins qu'il n'y ait immoralité à supposer que le père peut être incapable d'administrer. Or, dans ce cas, c'est à la loi elle-même qu'il faudrait s'en prendre lorsqu'elle place, dans l'art. 444, l'incapacité au nombre des causes de destitution de tutelle, article que nous avons reconnu applicable à l'administrateur légal.

Mais, objectent nos contradicteurs, vous avez justement, en cas de mauvaise administration du père, la ressource de l'art. 444.

(1) M. Marcadé, t. ii, art. 889, vi; Besançon, 15 Nov. 1800; Caen, 11, 1825.

Mais il ne s'ensuit pas qu'*exceptionnellement*, dans certaines circonstances graves, le conseil de famille ne puisse être convoqué.

Cette opinion est consacrée par le projet de rédaction de l'art. 389, émanant du tribunat, nous y lisons : *Tout ce qui intéresse la propriété des biens sera réglé par les dispositions de la section VIII.* Pour quels motifs cet alinéa a-t-il été supprimé dans la rédaction définitive? Nos adversaires y voient la preuve que l'administrateur légal n'a jamais besoin de l'autorisation du conseil de famille.

Mais il nous semble bien plus simple d'expliquer cette suppression de la manière suivante : cet alinéa conduisait à l'application générale et absolue de la section VIII, chap. II de la tutelle; dès-lors il était en opposition avec les vues manifestées par le tribunat, dans ses observations, et c'est là le seul motif pour lequel il a été justement retranché.

Le père administrateur est tenu de rendre compte (389). Il est soumis à cet égard aux art. 469, 471 et 473, mais il est affranchi des dérogations au droit commun contenues dans les articles 472, 474, 475.

Peut-on donner ou léguer des biens à un enfant mineur, à condition que le père n'en aura pas l'administration?

Devons-nous reconnaître, avec le droit romain (Nov. 117), la validité de cette clause?

M. Marcadé appuie la négative sur les considérations suivantes : L'administration légale est un des attributs de la puissance paternelle et ne peut, commo telle, faire l'objet d'une convention (1311) ; cette condition sera, conformément à l'art. 900, considérée comme non écrite (1).

Ce système nous paraît trop absolu. Nous reconnaissons volontiers qu'une clause de cette nature devrait être déclarée non valide, s'il résultait des circonstances qu'elle est dictée par des motifs de haine et de mépris contre le père.

Mais lorsque rien ne démontre que ce soit une disposition *ab irato*, lorsqu'elle n'a été inspirée au testateur que par un juste sentiment de défiance, fondé sur l'incapacité notoire ou la prodigalité scandaleuse du père, lorsqu'elle n'a d'autre mobile que l'intérêt de l'enfant, pourquoi ne pas suivre la volonté du testateur ?

Une pareille clause est-elle contraire aux bonnes mœurs ?

Le but du disposant est, dans notre hypothèse, de mettre le bien donné à l'abri des atteintes d'un père dissipateur. Ce but n'a rien d'immoral, à moins qu'il n'y ait immoralité à supposer que le père peut être incapable d'administrer. Or, dans ce cas, c'est à la loi elle-même qu'il faudrait s'en prendre lorsqu'elle place, dans l'art. 444, l'incapacité au nombre des causes de destitution de tutelle, article que nous avons reconnu applicable à l'administrateur légal.

Mais, objectent nos contradicteurs, vous avez justement, en cas de mauvaise administration du père, la ressource de l'art. 444.

(1) M. Marcadé, t. II, art. 389, VI; Besançon, 13 Nov. 1800 ; Caen, 11, 1825.

Nous répondons qu'il est plus rationnel d'avoir recours à un moyen préventif et d'épargner à la réputation du père l'extrémité déplorable d'une destitution.

L'intérêt de l'enfant réclame des garanties plus sérieuses que celles qu'il trouve dans l'art. 444. Un tel remède serait souvent tardif. Il est reconnu, en effet, que le mineur n'a pas contre l'administrateur légal l'hypothèque dont il jouit contre le tuteur ; de sorte que le donateur ou le testateur n'ayant, d'après le système contraire au nôtre, aucun moyen d'assurer au mineur le bienfait de la libéralité, s'abstiendra de tout acte de ce genre : les intérêts de l'enfant seront donc lésés, et le père, dont on veut si scrupuleusement sauvegarder la dignité, y perdra son usufruit légal sur les biens qui auraient été attribués au mineur ; on insiste de nouveau, et on prétend que cette clause est contraire aux bonnes mœurs, en ce qu'elle tend à inspirer aux enfants du mépris ou de la défiance contre les auteurs de leurs jours, et à affaiblir la puissance paternelle, l'une des bases de l'ordre social (1).

Cette objection n'est pas sérieuse et elle renferme une confusion d'idées. Il y a dans les attributs de la puissance paternelle des nuances faciles à saisir : les uns, comme le droit de correction et d'émancipation, sont des attributs essentiels de la puissance des père et mère, ceux-ci ne pourraient les abdiquer; si une atteinte était portée à l'un de ces attributs,

(1) Arrêt de Besançon, 15 Nov. 1807.

on pourrait , avec la cour de Besançon, y voir les grands principes de l'ordre social directement compromis.

Les autres attributs de la puissance paternelle ne sont que naturels ou accidentels : telle est l'administration légale; s'il est convenable que le père en soit chargé, il peut arriver que le père ou la mère n'administre pas les biens de l'enfant, qu'un autre exerce cette administration *(art. 394)*, sans que la loi voie, dans cette circonstance, un échec à la puissance paternelle et une atteinte à l'ordre public.

Dès-lors, puisque l'administration des biens de l'enfant peut être détachée de la puissance paternelle, *sans élever en même temps une main sacrilége contre une des bases de l'ordre social*, pourquoi condamner, comme contraire à l'ordre public, la clause par laquelle le testateur enlève, pour les biens dont il est maître, cette administration au père de l'enfant?

Nous venons de démontrer que cette clause ne blesse en rien les bonnes mœurs, aucun texte ne s'y oppose; elle est, de plus, conforme à l'ancienne jurisprudence romaine; nous restons alors, à son égard, sous l'empire de la règle en vertu de laquelle chacun est libre d'opposer à sa libéralité les conditions que bon lui semble, pourvu qu'elles ne soient contraires ni aux lois, ni aux bonnes mœurs, ni à l'ordre public. (1)

(1) MM. Proudhon, de l'usuf., t. i, n° 240; — Duranton, t. iii, n° 375,

SECTION II.

DE L'USUFRUIT PATERNEL.

« Le père, durant le mariage, et après la dissolution du mariage le survivant des père et mère,
auront la jouissance des biens de leurs enfant jusqu'à l'âge de dix-huit ans accomplis, et jusqu'à
l'émancipation qui pourrait avoir lieu avant l'âge de
dix-huit ans (art. 384). »

Telle est la disposition qui consacre, dans nos
lois, cette antique institution de l'usufruit paternel.

Deux types d'organisation entièrement différente
s'offraient en cette matière, aux rédacteurs du code :
la garde, dans les pays de droit coutumier, l'usufruit
du pécule adventice dans les pays de droit écrit.

Ils ont puisé à cette double source, faisant d'ailleurs, suivant leur habitude, plus d'emprunts à la
première qu'à la seconde.

Toutefois l'usufruit du code civil conserve, sous
beaucoup de rapports, une physionomie propre et
spéciale qui le distingue des deux institutions qui
l'ont précédé. S'il nous a paru hors des proportions
que comporte cette thèse, de nous étendre sur les
détails historiques de la garde noble et de la garde
bourgeoise, il est au moins indispensable d'examiner

note 2 ; — Duvergier sur Toullier, t. II, n° 1068, note A ; — Zachariæ, t. I,
p. 298 — Val sur Proudhon, t. II, p. 282, note A, 1 ; — Demol, VI, n° 158 —
Cass. 30 avril 1833. — Nîmes, 20 déc. 1837 ; — Caen, 20 nov. 1810.

en quels points notre législation actuelle se rapproche ou s'éloigne de l'usufruit paternel des pays de coutume et de celui des pays de droit écrit.

En droit romain, l'usufruit adventice était universel et il s'ouvrait dès que l'enfant avait des biens ; la garde, au contraire, ne portait que sur les biens de la succession du père ou de la mère prédécédé et ne prenait naissance qu'à la dissolution du mariage. Sous ces deux rapports, les règles romaines ont triomphé. Mais en ce qui concerne la durée de l'usufruit, son attribution et les charges qui en dérivent, les règles coutumières ont prévalu.

Ainsi, en droit romain, l'usufruit ne pouvait appartenir qu'aux parents mâles, seuls investis de la puissance paternelle ; tandis que dans les pays coutumiers, la mère, devenue veuve, obtenait aussi le droit de garde.

Ce dernier principe est reproduit par notre code quant à la puissance paternelle et à l'usufruit.

« Le législateur, disait M. Réal, a dû établir un droit égal, là où la nature avait établi une égalité de peines, de soins et d'affections : il répare, par cette équitable disposition, l'injustice de plusieurs siècles ; il fait, pour ainsi dire, entrer pour la première fois la mère dans la famille, et la rétablit dans les droits imprescriptibles qu'elle tenait de la nature, *droits sacrés, trop méprisés par les législations anciennes, reconnus, accueillis par quelques-unes de nos coutumes et notamment par celle de Paris, mais qui, effacés de nos codes, auraient dû se retrouver écrits en caractères ineffaçables dans le cœur de tous les enfants bien nés (1).* »

En droit romain, la puissance paternelle et l'usufruit qui en était la conséquence, n'appartenaient pas seulement au père, mais à tout ascendant mâle du côté paternel chef de la famille.

En droit coutumier, à défaut de père et mère, les aïeuls ou aïeules étaient concurremment appelés à prendre la garde-noble, tandis que la garde-bourgeoise était exclusivement attribuée aux père et mère ; le code a consacré la règle de la garde-bourgeoise.

A Rome, le droit d'usufruit légal subsistait jusqu'à la mort du père ou de tout autre usufruitier (2) ; ce droit attaché à la garde ne durait que jusqu'à l'âge de vingt ans pour les mâles, de quinze ans pour les filles, s'il s'agissait de garde-noble ; il finissait à quatorze ans pour les garçons, à douze ans pour les filles, lorsqu'il provenait de la garde-bourgeoise.

Le code, adoptant en principe les dispositions coutumières, fixe l'âge de dix-huit ans révolus pour les deux sexes, comme mettant fin à l'usufruit paternel.

Relativement aux obligations de l'usufruitier, le gardien et l'usufruitier romain étaient soumis aux charges usufructuaires pour la conservation, l'en-

---

(1) Fenet, x , p. 522 ; discours de M. Réal au corps législatif.
(2) L. 751, cod. ad S.-C. Tertull. , lib. vi , tit. 56.

tretien du fonds et le paiement des impôts, et le père et la mère le sont de même aujourd'hui.

Mais la garde imposait l'obligation de prélever sur le revenu de l'usufruit, les sommes nécessaires pour nourrir, entretenir et élever les enfants mineurs, et acquitter, les frais funéraires, occasionnés par la mort de l'époux prédécédé (1) ; cette obligation, que ne reconnaissait pas le droit romain, pèse encore aujourd'hui sur le père ou la mère, auquel le code civil concède l'usufruit.

On controverse vivement la question suivante : Le gardien est-il, sous l'empire du code Napoléon, tenu d'acquitter toutes les dettes mobilières, même les arrérages de rentes passives, échues avant l'ouverture de l'usufruit ? Le gardien devait remplir cette obligation ; aussi penchons-nous vers l'affirmative (2).

L'acceptation de la garde devait être faite en justice et produisait tous les effets d'un contrat irrévocable ; l'acceptation de l'usufruit n'est pas soumise à cette formalité solennelle, et ne lie en rien, pour l'avenir, celui qui l'a faite.

De même, suivant quelques auteurs, cette acceptation obligeait le gardien *ultra vires emolumenti* (3) ; sous le code civil, l'usufruitier peut toujours, en

---

(1) Bourgeon, garde noble et bourg., ch. 10, sect. 1, n° 1 ; et Renusson, traité de la garde, ch. 7, n° 49, et suivant nouveau Denizart, t. ix, v° garde noble, § 12, n° 9.

(2) Bourgeon, ibid, n° 8 ; Ferrière, sur l'art. 627 de la cout. de Paris, glose 2, n° 2.

(3) Duplessis, *Traité de la garde*, ch. 3 et 4.

renonçant à sa jouissance, se soustraire aux charges qui en résultent.

Sous ces deux points de vue, le code déroge donc aux principes reçus en pays coutumier. Après avoir, dans ce court aperçu, fait saisir l'esprit général de nos dispositions législatives sur l'usufruit paternel, comparées aux deux institutions d'où ces dispositions tirent leur origine, il nous reste à examiner si cette attribution de jouissance légale est juste et raisonnable.

On a vu, dans cette donation légale au profit des père et mère, une grave atteinte portée au principe de l'inviolabilité de la propriété, droit envers lequel le législateur doit donner l'exemple d'un respect absolu (1).

Certains auteurs, parmi lesquels nous remarquons M. Demolombe, ont reconnu ce qu'il y avait d'exorbitant dans cette attribution d'usufruit légal (2).

« *Quoi de plus exceptionnel, en effet, qu'une disposition législative qui confère à une personne la totalité des revenus d'une autre personne ?* »

On peut répondre qu'il est juste d'indemniser, par cet usufruit, les parents de l'enfant des peines, des soins et des dépenses qu'a exigés son éducation ; que si des économies sont faites par les père et mère usufruitiers, elles profiteront aux enfants eux-

---

(1) V. art. 544 et 545 : « Nul ne peut être contraint de céder sa propriété si ce n'est pour cause d'utilité publique et moyennant une juste et préalable indemnité. »

(2) M. Demol, t. vi, n° 619.

mêmes, qui retrouveront plus tard, dans la fortune
de leurs auteurs, cette augmentation de leur fortune
personnelle ; qu'il fallait, autant que possible, prévenir ainsi toutes les contestations fâcheuses qui
pourraient s'élever au sujet de comptes, sans cela
difficiles, anciens et compliqués.

On peut encore justifier l'institution de l'usufruit
paternel en le considérant comme un effet de la
volonté tacite des parties; cette attribution légale,
ainsi comprise, ne serait plus en contradiction formelle avec le principe de la propriété. Cette manière de procéder n'aurait, du reste, rien d'inusité.
C'est sur une donnée semblable que repose en
principe la théorie des successions *ab intestat*; lorsque le de cujus meurt sans laisser aucune disposition
testamentaire, le législateur, interprétant le silence
gardé, en conclut que le testateur a voulu se con-
former à l'ordre de succession, que la loi elle-même
a établi d'après l'affection présumée du défunt, et
on attribue, en conséquence, les biens dont le de
cujus n'a pas disposé, à certains parents déterminés
d'avance par le code.

C'est en vertu du même système que les époux
mariés sans contrat, sont réputés accepter tacitement la communauté légale. Nous trouvons donc
tout naturel d'invoquer ces précédents juridiques ;
et, relativement aux biens indirectement déterminés
par l'art. 387, de prêter au législateur un langage
analogue à celui qui lui est universellement reconnu
en matière de succession *ab intestat* et de communauté légale.

La loi semble dire ici : « Vous êtes libre de disposer de votre propriété comme vous l'entendez, vous pouvez donc priver le père de l'enfant de l'usufruit des biens que vous avez l'intention de léguer à ce dernier ; mais, toutes les fois que vous ne vous serez pas expliqué à cet égard, vous êtes averti que la disposition que vous aurez faite, sera interprétée en ce sens que vous serez réputé avoir voulu n'attribuer vos biens à l'enfant que, sous la charge de l'usufruit paternel. »

Cette explication, corroborée des motifs utilitaires et des traditions historiques que nous avons produits, nous semble justifier pleinement, aux yeux de la raison, l'institution législative de l'usufruit paternel.

Ces notions préliminaires exposées, nous allons examiner :

1° A qui l'usufruit légal est accordé ;
2° Quels biens il comprend ;
3° Quels droits il confère ;
4° Quelles obligations il impose ;
5° Comment il prend fin.

§ Ier A QUI L'USUFRUIT LÉGAL EST-IL ACCORDÉ ?

L'art. 384 répond en termes formels à cette question : l'usufruit légal appartient *au père, pendant le mariage, et après la dissolution du mariage, au survivant des père et mère.*

Cette disposition doit-elle être littéralement interprétée, ou l'art. 384 ne statue-t-il que sur le *de eo quod plerumque fit*. Ainsi supposons le père interdit, présumé absent, ou même déchu de ses droits sur la personne et les biens de ses enfants, par application de l'art. 335 du code pénal, la mère, qui est alors investie du droit de puissance paternelle, obtient-elle en même temps l'usufruit légal des biens de ses enfants ?

Par les mots : « *après la dissolution du mariage au survivant des père et mère,* » le texte semble bien formel dans le sens de la négative, puisque dans aucune des hypothèses précédentes, le mariage n'est dissous. Cependant cette question est vivement controversée.

Étudions séparément chacune des hypothèses qui peuvent se présenter.

Supposons d'abord que le père se trouve dans l'impossibilité d'exercer ses droits sur l'enfant, par exemple, pour cause d'interdiction.

Remarquons que l'interdit était autrefois incapable de la garde-noble, car ceux, dit Pothier, qui sont incapables de se gouverner eux-mêmes, ne peuvent être réputés capables de gouverner les autres (1). L'interdit, de nos jours, n'en jouira pas moins du droit d'usufruit légal, qui s'ouvrirait ou durerait à son profit malgré son interdiction.

Ceci posé, le père est interdit pendant le mariage, la mère aura-t-elle l'usufruit légal en même temps

_____

(1) Pothier, garde-noble, sect. 1, § 2.

9

que la puissance paternelle que nous lui avons accordée ?

Au texte formel de l'art. 384, l'affirmative oppose que cet article est rédigé de la même manière que les art. 373 et 389 ; et on est convenu d'interpréter ces deux derniers articles, en ce sens que la mère, même avant la dissolution du mariage, obtient, en cas d'incapacité du père, l'exercice de l'autorité sur la personne des enfants et l'administration de leurs biens, et dès-lors, puisqu'il y a analogie dans les termes des trois articles, il doit y avoir analogie dans leur interprétation ; les principes de la logique ne permettent pas d'avoir deux poids et deux mesures, dont on prendra arbitrairement tantôt l'une tantôt l'autre.

L'affirmative ajoute que l'usufruit légal est la récompense des peines et des soins qu'imposent au père et à la mère, l'éducation de l'enfant et l'administration de ses biens ; or, quand c'est la mère, par exception à la règle générale des art. 373 et 389, qui prend ces soins et ces peines, elle aussi, doit, par exception à la règle générale de l'art. 384, avoir droit à l'usufruit légal : *ubi onus, ibi et emolumentum esse debet.*

Ces arguments, quelque pressants qu'ils soient, ne suffisent pas pour nous convaincre ; nous allons essayer de les réfuter et d'établir le système adverse. Nous répondrons d'abord qu'il y a une certaine différence de rédaction entre les art. 373 et 389 d'une part, et l'art. 384 d'autre part, que l'on prétend assimiler quant à l'interprétation. Les termes de l'art. 384 sont bien plus énergiques, car non-seulement il porte comme les deux autres ces mots : *pendant le mariage*, mais on y trouve encore ceux-ci, qui sont absents, au contraire, dans les deux autres : *et, après la dissolution du mariage, le survivant des père et mère*. Mais même en admettant que cette différence de rédaction doive être négligée, nous n'en soutiendrons pas moins la négative. L'art. 373, en effet, ne règle que *l'exercice* d'un droit que les dispositions précédentes (art. 371 et 372) attribuent collectivement au père et à la mère. L'art. 384, au contraire, confère *le droit même d'usufruit, et à qui? Au père pendant le mariage, et après la dissolution, au survivant des père et mère.*

Il est donc facile de concevoir qu'on interprète largement l'art. 373 qui, rapproché de l'art. 372, se prête à l'extension qu'on lui fait subir. D'ailleurs l'art. 141 lui-même vient lever tous les doutes, en faisant l'application de cette théorie extensive au cas où le père est présumé absent; il charge alors la mère de pourvoir à l'éducation des enfants et à l'administration de leurs biens; et cette décision, donnée expressément par le code au cas d'absence, n'est-il pas conforme à l'esprit de la loi de la transporter aux hypothèses analogues, où le père se trouve dans l'impossibilité d'exercer les droits de garde, de correction et d'administration? Mais aucun texte n'autorise à agir de même à l'égard de l'art. 384, pour l'étendre ainsi au-delà de ses termes.

L'art. 141 confie bien à la mère l'éducation des enfants et l'administration de leurs biens, mais il ne parle pas de l'usufruit légal. Dans le silence de la loi, décider l'affirmative c'est tomber dans l'arbitraire ; car, remarquons-le bien, donner à la mère l'éducation des enfants et l'administration de leurs biens, c'est en réalité ne porter aucun préjudice aux droits du père, pourvoir sagement aux intérêts de l'enfant qui a besoin d'une constante protection et confier au remplaçant le plus naturel du père une surveillance morale et pécuniaire qui ne doit pas être interrompue ; mais attribuer l'usufruit légal à la mère, c'est nuire directement au mari, c'est lui enlever violemment son droit d'usufruit, déchéance grave, imméritée, qu'un texte seul pourrait nous permettre de prononcer.

D'ailleurs, quelle est la qualité de la mère qui, durant le mariage, exerce la puissance paternelle ?

Evidemment elle n'est que le délégué, le mandataire du mari, dont elle ne fait alors qu'exercer les droits ; or, s'il en est ainsi, ce n'est pas elle qui doit profiter du bénéfice de l'usufruit légal, le mandat étant naturellement gratuit, elle doit compte à son mari de tous les bénéfices pécuniaires qu'elle en a retirés.

Mais, dit-on, la mère va donc gérer pour rien ? J'en conviens ; mais il n'y a là rien de surprenant. La mère, en élevant et en instruisant ses enfants, remplit un devoir dans l'accomplissement duquel elle n'a pas droit d'espérer un bénéfice. La loi, il est vrai, a attaché ordinairement un dédommagement à ce devoir accompli ; mais elle n'était pas obligée de le faire ; c'est là un droit tout exceptionnel qu'il faut renfermer dans les limites tracées par la loi ; or elle ne l'accorde expressément à la mère qu'après la dissolution du mariage.

Nous ajouterons que la solution négative n'offre pas tous les inconvénients qu'on lui prête ; car, le régime en communauté étant de droit commun, la femme profitera en général des fruits et des revenus produits par le droit que nous réservons au mari.

Si maintenant le père était déchu de tous ses droits sur les biens et la personne des enfants par application de l'art. 335 du code pénal, donnerions-nous la même solution ?

La question est plus délicate que la précédente ; car c'est bien en son propre nom alors que la mère exerce la puissance paternelle ; et de plus, l'usufruit du mari s'étant éteint pour toujours, nous ne pouvons pas reculer devant la crainte de nuire à ses droits paternels.

Cependant, nous nous prononcerons encore dans le sens de la négative, et nous dirons que la déchéance de l'usufruit encourue par le père profitera à l'enfant propriétaire, sous réserve, bien entendu, du droit éventuel de la mère pour le cas de survie.

En décidant ainsi, nous restons fidèles aux exigences de la logique, et en même temps à ce principe, qui doit nous guider en cette matière : l'usufruit légal est une dérogation profonde au droit commun ; en cas de doute , nous devons donc rentrer dans le droit commun.

Nous invoquerons d'ailleurs , comme précédemment , en faveur de notre opinion , le texte formel de l'art. 384, et nous ajouterons que l'art. 335 du code pénal, n'aurait aucune portée, si l'usufruit dont il prononce la déchéance contre le père , passait à la mère.

En effet, dans le cas de communauté légale et conventionnelle , rien ne serait changé ; tous les fruits dont le père serait privé comme père , il en profiterait comme mari, c'est-à-dire en sa qualité de chef de la communauté ; or la communauté est le régime de droit commun (art. 1393).

Un pareil résultat se produirait, même sous les autres régimes ; le mari ne serait pas non plus atteint, car les revenus des époux sont presque toujours dépensés en commun, et c'est le mari, très-souvent, qui administre les biens et perçoit les revenus personnels de sa femme. Or, on ne peut supposer que la loi, qui dans l'art. 335 du code pénal inflige une peine , ait voulu prononcer une déchéance qui resterait presque toujours sans aucun effet.

L'esprit de la loi, à cet égard, ressort clairement du texte de l'art. 730 du code civil, qui excepte de l'usufruit légal les biens d'une succession dévolue à l'enfant par suite de l'indignité de son père ou de sa mère, qui y étaient d'abord appelés.

La loi a voulu rendre ainsi efficace la déchéance dont elle frappe le père ou la mère indigne.

C'est encore dans le même but que l'art. 386 déclare l'usufruit légal éteint dans la personne de la mère qui se remarie, afin d'empêcher cet usufruit de profiter à des étrangers.

On prétend, il est vrai, que la déchéance de l'art. 335 du code pénal est plutôt morale que pécuniaire, que la loi songe à dépouiller le père des attributs honorifiques de la puissance paternelle, sans se préoccuper des conséquences pécuniaires qu'entraînera cette dégradation.

Le texte de l'art. 335 répond seul victorieusement à cette objection : « *Si le délit a été commis par le père ou la mère, le coupable sera de plus privé des droits et avantages à lui accordés sur la personne et sur les biens de l'enfant par le code Nap., liv. 2, tit. 9.* »

On reproche encore à notre opinion de frapper une mère innocente pour atteindre un père coupable. Il est facile de nous défendre en invoquant encore l'art. 730 du code Nap.; dans le cas d'indignité qu'il prévoit, lorsque le père seul s'est rendu coupable du délit, la mère, qui n'exerce pas la puissance paternelle encore aux mains de son mari, ne peut évidemment réclamer, avant la dissolution du mariage, la jouissance de cette succession ; elle supporte donc, bien qu'innocente, la solidarité de la faute du père, et le législateur n'hésite pas, pour assurer l'efficacité de la peine, à consacrer un semblable résultat.

L'usufruit légal, qu'il appartienne au père ou à la mère, leur est attribué de plein droit, et rien dans les textes ni dans les principes n'indique que l'ouverture ou l'exercice en soit subordonné à une acceptation sous une forme quelconque.

Il est vrai qu'autrefois, certaines coutumes, notamment la coutume de Paris, assimilaient le gardien noble à un *heres extraneus*, et exigeaient de sa part une acceptation formelle, tandis que la coutume d'Orléans, au contraire, appliquait les règles de la saisine héréditaire et déférait la garde *ipso jure* (1).

Le silence du code sur ce point fait présumer qu'il a adopté la disposition des coutumes qui déféraient la garde de plein droit.

L'acceptation se présume donc; et par suite la renonciation doit être expresse. M. Duranton (2) enseigne qu'elle pourrait être faite par une déclaration formelle, devant notaire ou devant un conseil de famille, M. Demolombe (3) conseille de plus de faire cette renonciation d'une manière en quelque sorte contradictoire avec les représentants de l'enfant.

Nos anciens auteurs, notamment Pothier, enseignaient que:

Si les époux, par leur contrat de mariage, sont convenus que le survivant ne pourra point prétendre la garde de leurs enfants mineurs, il faut s'en tenir à cette clause (4).

(1) Nouveau Denizart, t. ix, v° garde noble, § 6, n° 1.

(2) M. Dur., t. iii, n° 403.

(3) M Demol., t. vi, n° 189.

(4) Pothier, garde noble, sect. ii, § 1; Nouveau Denizart, t. ix, v° garde noble, § 0, n° 9.

Ce système est-il vrai sous l'empire du code civil relativement à l'usufruit paternel ?

Dans le sens de l'affirmative, on a dit : les père et mère peuvent renoncer à l'usufruit légal quand il est déjà ouvert; la renonciation est donc un droit pour eux, et pour qu'une renonciation anticipée leur fût défendue, il faudrait qu'elle fût contraire à l'ordre public ou à quelque disposition prohibitive de la loi. Or, l'ordre public ne peut être blessé par une clause conçue dans l'intérêt pécuniaire des enfants, et qui ne diminue nullement les droits de puissance paternelle sur leur personne, et de plus, aucun texte ne vient et ne pouvait prohiber une clause de cette nature.

Nous ne partageons pas cette opinion, et nous croyons trouver dans l'art. 1388 le texte qui défend d'insérer, dans le contrat de mariage, une pareille renonciation : « Les époux ne peuvent déroger ni aux droits de la puissance maritale sur la personne de la femme et des enfants, *ou qui appartiennent au mari comme chef*, ni aux droits conférés au survivant des époux par *le titre de la puissance paternelle.* »

On a, il est vrai, contesté l'application de l'article 1388 au point qui nous occupe ; mais il nous paraît s'opposer énergiquement à la clause que nous attaquons à la fois dans les deux parties qui la composent. Dans la première, en effet, il défend de déroger aux droits qui appartiennent au mari comme chef; or, c'est comme chef que le mari, que le père a l'usufruit légal par préférence à la mère pendant le mariage. Dans la seconde partie, l'art. 1388 est plus formel encore; il défend de porter atteinte aux droits conférés aux époux par le titre de la puissance paternelle; or, l'usufruit légal étant conféré aux époux par le titre de la puissance paternelle, il est certain qu'ils ne pourraient y renoncer, au moins en tant qu'il est accordé au survivant; mais alors, comment leur serait-il permis d'y renoncer en tant qu'il est conféré au père pendant le mariage ?

Cette interprétation de l'art. 1388, si raisonnable par elle-même, est d'ailleurs confirmée par les paroles de M. Treilhard, lors de la discussion de l'article 1388 : « cet article ne parle de la puissance paternelle que pour défendre les stipulations qui priveraient le père de son pouvoir sur la personne de ses enfants et de *l'usufruit de leurs biens* (1). » L'intention des rédacteurs du code n'est pas douteuse et elle est justement fondée. Permettre au père ou à la mère, d'avance, sans savoir si l'usufruit sera bon ou mauvais, sans être en mesure d'apprécier aucune des autres circonstances qui peuvent les porter à l'accepter ou à y renoncer, de renoncer non pas à cet usufruit non ouvert, mais à l'expectative purement éventuelle de cet usufruit, ç'eût été autoriser les futurs époux à déjouer d'avance et quand même la prévoyance de la loi et le régime fondé sur des motifs d'intérêt général qu'elle a voulu sagement instituer dans la famille.

Remarquons d'ailleurs en quels termes s'expri-

(1) Locré, législ. civ., t. xiii, p. 160.

mait Pothier, dont l'autorité puissante est invoquée
par nos adversaires : « On peut bien, par contrat de
mariage, renoncer à une succession future, pourquoi
les conjoints ne pourraient-ils pas pareillement
renoncer au droit de garde noble (1)? » Or, aujour-
d'hui, on ne peut plus, même par contrat de mariage,
renoncer à une succession future (791, 1130, 1309);
dès-lors la décision de Pothier devrait changer, et
son autorité se retourner aujourd'hui contre ceux
qui l'invoquent.

Du reste, si la négative ne paraît pas suffisamment établie par les arguments précédents, elle
résulte forcément de l'art. 906, qui décide que pour
qu'une libéralité soit valable, il faut qu'elle s'adresse
à une personne déjà conçue. Or, la renonciation à
l'usufruit de la part du père, constitue une libéralité
au profit des enfants à naître du mariage, personnes
non encore conçues; donc cette libéralité doit être
nulle.

§ 2. QUELS BIENS L'USUFRUIT PATERNEL COMPREND-IL ?

L'usufruit légal est universel ; il porte sur tous
les biens de différentes natures qui se trouvent
appartenir aux enfants. Cette règle résulte de l'art.
384, qui accorde au père, pendant le mariage, et à
la mère, à sa dissolution, la jouissance des biens de
leurs enfants, sans aucune réserve.

(1) Pothier, garde noble et bourg., sect. iv, § 1.

Cependant, cette règle n'est pas absolue ; les art. 387 et 730 y apportent trois exceptions.

Nous allons étudier ces dérogations à la règle générale posée par l'art. 384.

Iʳᵉ EXCEPTION. — *Biens que l'enfant acquiert par une industrie séparée.*

La loi établit ici au profit du fils une sorte de pécule, plus étendu que ne l'étaient autrefois les pécules *castrense* et *quasi-castrense*. Il ne peut toutefois devenir très-considérable, puisqu'il n'est accordé qu'aux enfants au-dessous de dix-huit ans ; c'est une récompense et un encouragement donnés aux habitudes de travail, d'ordre et de bonne conduite.

La loi exige que ces biens soient acquis par une industrie ou un travail séparé. En interprétant cette condition imposée par le code, par le sens que nous attribuons à l'art. 220, en ce qui concerne la femme mariée, marchande publique, nous dirons que l'enfant doit exercer une profession distincte de celle de son père, en dehors des biens et des intérêts personnels ds celui-ci (1).

La loi n'astreint pas, bien entendu, l'enfant à avoir une résidence séparée, puisqu'elle place son domicile au domicile même de ses père et mère (art. 108).

Si l'enfant travaille, au contraire, pour son père, on n'appliquera pas l'art. 387. Il est juste qu'en retour des bons soins dont les enfants sont l'objet,

(1) M. Demol., t. vi, n 198.

ils rendent à leurs parents les services dont ils sont capables.

IIme EXCEPTION. — *Biens donnés ou légués sous la condition expresse que les père et mère n'en jouiront pas.*

Le code, en reconnaissant cette exception, consacre la doctrine du droit romain.

C'est dans l'intérêt bien compris de l'enfant, que la loi a permis cette clause. Elle a voulu éviter que le disposant, animé, peut-être, de ressentiment contre le père, ne renonçât à ses projets de libéralité dans la crainte de voir l'usufruit des biens donnés, passer entre les mains d'un ennemi; puis le disposant peut encore avoir eu pour but de préserver la donation ou le legs des dangers qu'il aurait courus de la part d'un père prodigue et dissipateur.

La loi n'a soumis cette clause à aucune formule sacramentelle, mais elle exige qu'elle soit expresse, c'est-à-dire, qu'elle résulte clairement de l'acte.

Lorsqu'un testateur lègue au père la moitié de ses biens et à l'enfant l'autre moitié, devons-nous en conclure que le testateur a voulu soustraire à l'usufruit paternel la part qu'il a dévolue à l'enfant?

On l'avait prétendu ainsi autrefois (1), et on invoquait en ce sens la Novelle 118, chap. 2 (2), dans laquelle Justinien décide que le père, recueillant en commun avec le fils une succession, n'a point l'usufruit de la part échue à celui-ci.

---

(1) Lapeyrière, lettre v, n° 74.
(2) Ajout., c, de bon. *quæ liber. auth. excipitur.*

Cette décision ne saurait prévaloir. D'abord nous
. ne trouvons rien dans le code d'analogue à la Novelle 118, chap. 2, et un principe propre aux
héritiers *ab intestat* de la législation romaine ne
pourrait être appliqué aux héritiers *ab intestat* de
la loi française.

L'art. 730, qui reproduit pour un cas exceptionnel
et pénal la disposition romaine, prouve qu'elle n'est
pas admise en règle générale, et d'ailleurs les deux
qualités de légataire et d'usufruitier d'un legs fait
à l'enfant, n'ont rien d'incompatible, puisque l'une
procède de la volonté du testateur, et l'autre de
celle du législateur. Dans tous les cas, il n'y a pas
là cette volonté expresse exigée par l'art 387, pour
que le père soit privé de son usufruit sur les biens
donnés ou légués.

Supposons que le legs fait au fils est celui
d'un usufruit, ou d'une rente viagère, le père
pourra-t-il en réclamer la jouissance aux termes de
l'art. 384 ?

On pourrait le nier en se fondant sur ce que le
bénéfice de la libéralité consiste tout entier dans les
arrérages de la rente, dans les fruits ou intérêts du
bien grevé d'usufruit, et en soutenant que dès-lors
le disposant, qui les a attribués à l'enfant lui-même,
a entendu par là même en priver le père.

Nous pensons autrement. En effet, nous ne re-
trouvons pas là non plus cette volonté d'exclusion
expresse exigée par l'art. 387 chez le disposant. Les
termes généraux de l'art. 384 sont formels : tous

les biens non exceptés sont soumis à l'usufruit.
Dirait-on que la nature du legs s'oppose à ce que
l'on établisse l'usufruit paternel sur les biens qui en
sont l'objet? Mais nous répondrions par les art. 588
et 1561 qui supposent bien qu'un usufruit puisse
exister, le premier sur une rente viagère, le second
sur un usufruit. — C'est qu'en effet, comme dit
M. Demolombe (1), les arrérages de la rente viagère
ne sont que les fruits de la rente elle-même, créance
principale, de même que le droit d'usufruit est le
fonds, la substance, dont les revenus ne sont que
les fruits (2).

C'est une question délicate et vivement controversée encore de nos jours, que de savoir si la prohibition de l'usufruit légal peut s'étendre même sur
la réserve de l'enfant, voici l'espèce : Une mère
lègue tous ses biens à son fils, à condition que le
père n'en aura pas l'usufruit; cette prohibition est-
elle valable en ce qui concerne la réserve de
l'enfant?

Déjà cette question s'élevait dans l'ancien droit à
l'occasion de la légitime, et y était longuement dis-
cutée. Plusieurs auteurs, et notamment Lebrun (3),
soutenaient que le droit de prohibition n'avait pas
de limites.

Mais le plus grand nombre, Julien (4), Serres (5),

---

(1) M. Demolombe, t. vi, n° 511.
(2) MM Allemand, du mariage et de ses effets, t. ii, n° 1115. — Proudhon,
de l'usufruit, t. i, n° 15 et 151.
(3) Lebrun, des success., liv. ii, chap. iii, sect. iv, n 22.
(4) Julien, élém. de jurisp., liv. i, tit. v, n 17.
(5) Serres, inst. du dr. fr., liv. ii, tit. ix, p. 207.

Catellan (1) et Vedel sur Catellan (2), professaient la doctrine contraire en se fondant surtout sur la Novelle 117, ch. 1, qui, en autorisant le disposant à enlever à l'ascendant du légataire l'usufruit du bien légué, en excepte formellement la légitime : *postquam reliquerint filiis partem quæ lege debetur.*

Aujourd'hui, qu'on ne peut plus invoquer la Novelle 117, ch. 1, de quel côté devons-nous nous ranger ?

Bien que les auteurs les plus nombreux soient en faveur de la négative, nous adopterons d'ailleurs, avec d'éminents jurisconsultes, la solution affirmative (3).

Nous argumenterons d'abord du texte de l'art. 387, dont les termes sont aussi généraux que possible, et ne permettent aucune distinction entre la réserve et la quotité disponible.

On nous oppose, il est vrai, les art. 920 et 921, au titre des donations, en soutenant que c'est à cette matière seule que nous devons nous reporter pour trouver la solution de la difficulté.

Nous pourrions peut-être le contester, car, lorsqu'il s'agit avant tout d'usufruit paternel, c'est aux articles qui établissent et réglementent ce droit qu'il faut préférablement s'en tenir ; mais suivons nos adversaires sur le terrain qu'ils choisissent eux-mêmes.

(1) Catellan, liv. IV, ch. 20, p. 204.

(2) Vedel sur Catellan, p. 125.

(3) MM. Valette sur Proudhon, t. II, p. 264 ; Duvergier sur Toullier, t. II, n° 1667, note A.

En vertu des art. 920 et 921, la réduction des dispositions entre vifs ou testamentaires, peut être demandée par ceux au profit desquels la loi fait une réserve par leurs héritiers ou ayant-cause.

Ils concluent de ces articles que la réserve est une portion sacrée du patrimoine, à laquelle le donateur ou le testateur ne peut pas toucher, qu'elle ne peut être affectée d'aucune condition, qu'elle doit arriver franche et libre entre les mains du réservataire. Or, dans l'espèce, elle n'est pas intacte, elle est affectée d'une condition ; donc il y a lieu à réduction.

A cet argument nous répondons : d'abord la loi ne prohibe pas la donation des biens réservés ; elle se borne à dire que, cette donation sera réductible, si elle dépasse la quotité disponible. Donc, en principe, elle est valable.

D'ailleurs, au profit de qui, dans l'espèce, la réserve est-elle instituée par la loi ? *Au profit de l'enfant ;* c'est donc à lui seul qu'appartient l'action en réduction, sanctionnant la réserve ; cette action ne peut être exercée que si les droits de l'enfant à la réserve sont lésés.

La réserve doit, je le reconnais, être libre de toute clause préjudiciable au réservataire. Mais, dans l'espèce, a-t-il à se plaindre de la violation de son droit, et par conséquent à intenter l'action en réduction ? Évidemment non, puisque l'enfant obtient plus qu'il n'aurait eu si sa mère lui avait purement et simplement légué sa réserve, auquel cas, cependant, il n'aurait eu aucun droit de se plaindre.

Mais si l'enfant n'intente pas l'action en réduction, qui donc va l'intenter? Le père, dit-on, l'intentera comme ayant-cause de l'enfant. Mais est-il bien exact de regarder le père, comme un ayant-cause, comme un créancier de l'enfant?

Nous avons essayé plus haut de démontrer le contraire. Mais admettons-le un instant : le père viendra donc *au nom de son fils*, exerçant les droits de son débiteur, d'après l'art. 1166, demander la réduction, contre qui? *Contre son fils*. Celui-ci sera, en réalité, dans le même procès à la fois le demandeur et le défendeur; le jugement lui donnera gain de cause contre lui-même, et la donation qui lui a été faite sera réduite à la fois à son préjudice et à son plus grand avantage!

Ces conséquences sont au moins bizarres; et remarquons en outre que nos adversaires tombent dans une pétition de principe. Ils soutiennent que le père est un ayant-cause de l'enfant dans l'espèce, apparemment en qualité d'usufruitier. Mais d'où le père tire-t-il son droit d'usufruit? De l'art. 384 restreint par l'art. 387; donc, pour prouver que le père est un ayant-cause de son enfant quant aux biens réservés, il faut prouver d'abord que son usufruit doit porter sur ces biens réservés, nonobstant la prohibition; or, c'est là justement la question en litige.

On prétend, en outre, que ce droit de réserve se trouverait, en fait, véritablement diminué.

Ainsi, M. Demolombe, l'un des partisans de la

négative, suppose un père riche et généreux, qui aurait affecté, jusqu'à l'époque du legs, une partie considérable de ses revenus à l'entretien de son fils, et qui tout-à-coup, justement blessé par cette clause qui lui enlève l'usufruit de la réserve, changerait de conduite, et imputerait désormais sur les revenus minimes de l'enfant, les dépenses destinées à ses besoins, de sorte qu'en réalité, l'enfant se trouverait plutôt appauvri qu'enrichi par la clause qui lui attribue la jouissance des biens réservés.

Nous répondrons que le même résultat se produirait également dans d'autres hypothèses que M. Demolombe n'a pas relevées : supposons un père riche et généreux qui consacre, par exemple, cinq mille francs par an à l'éducation de son fils ; une donation de trente mille francs est faite par un tiers à l'enfant, mais sous la condition que le père n'en aura pas l'usufruit ; ce dernier, irrité de cette marque de défiance, s'abstient désormais de tout sacrifice personnel, et se borne à employer à l'éducation de l'enfant les trente mille francs qui lui ont été donnés.

Cependant la loi autorise expressément la clause qui produit un pareil résultat, et elle a raison, suivant M. Demolombe ; pourquoi aurait-elle tort, si comme nous le soutenons, elle autorisait aussi la prohibition de l'usufruit légal portant sur la réserve ?

La loi n'avait pas, dans ce dernier cas comme dans le premier, à se préoccuper de la mauvaise humeur du père, et des suites qui en peuvent résulter; elle n'exige qu'une chose, que la réserve arrive pleine et entière aux mains de l'héritier réservataire; or, dans l'espèce, ce vœu est plus que satisfait; nos adversaires en conviendront.

Quant aux considérations de détail, qui viendront postérieurement et par suite même de cette attribution plus entière de la réserve à l'enfant, rendre sa situation moins heureuse au point de vue pécuniaire, elles ne sont pas juridiques et ne doivent pas nous entraîner au-delà du vœu seul formellement exprimé par la loi.

Les partisans de la négative invoquent enfin les motifs qui ont déterminé le rédacteur à établir l'usufruit légal : « Ils l'ont établi, dit M. Demolombe, par des motifs d'équité et aussi d'intérêt général, afin de prévenir les comptes trop compliqués entre les pères et mères et les enfants, etc.; la loi ne doit pas, dès-lors, tolérer que les biens qu'elle transmet elle-même en soient affranchis ; elle ne doit pas permettre que cette condition, dictée par les ressentiments personnels de l'époux prémourant contre le survivant, perpétue entre celui-ci et ses enfants les mêmes sentiments de mésintelligence et de discorde (1). »

Nous répondrons que ce sont là des considérations de fait vraies dans un cas, fausses dans l'autre; souvent, et ce sera peut-être l'hypothèse la plus fré-

(1) M. Demol., t. ii, n° 513.

quente, c'est une sage précaution que le prémourant a prise dans l'intérêt des enfants contre les habitudes de dissipation du survivant.

D'ailleurs ces motifs qui, d'après l'opinion contraire, devraient faire annuler une pareille prohibition en ce qui concerne la réserve d'usufruit, se représentent avec la même force au cas où la prohibition porte sur la quotité disponible, et cependant ils n'ont pas empêché le législateur d'autoriser une disposition de cette nature, quant à la quotité disponible.

Nous croyons donc que la prohibition d'usufruit peut s'étendre sur la réserve ; le décider autrement ce serait, en réalité, créer une réserve au père sur la réserve de l'enfant mineur (1).

IIIᵐᵉ EXCEPTION. — *Biens provenant d'une succession dévolue à l'enfant, par suite de l'indignité de son père ou de sa mère, qui y étaient d'abord appelés.*

L'art. 730 enlève au père tout droit d'usufruit sur une succession de laquelle il a été déclaré indigne.

Bien que cet article ne parle que du père, sa disposition est aussi applicable à la mère ; cela résulte de ces mots : « celui-ci ne peut, en aucun cas, réclamer, sur cette succession, l'usufruit que la loi accorde *aux père et mère* sur les biens de leurs enfants (730 *in fine*). »

---

(1) En notre sens, MM. Valette sur Proudhon, t. ii, p. 261 ; — Duvergier sur Toullier, t. ii n° 1067, note A ; — Maleville, t. i p. 393, contrà Toullier, t. ii, n° 1067 ; — Duranton, t. iii, n° 376 ; — Zachariæ, t. iii, p. 601 ; — Marcadé, t. ii, art. 317, n° 4 ; — Vazeille, du mariage, t. ii, n° 447 ; — Allemand, du mariage, t. ii, n° 1121 ; — Cass., 11 novembre 1821, V. S. 1829, 1, 6.

D'ailleurs, le père, ayant le premier en rang l'usufruit légal pendant le mariage, l'attention du législateur a dû se porter plus spécialement sur lui.

Dans le cas où, en vertu de l'art. 730, le père serait déclaré indigne, la mère n'en jouirait pas moins des biens de la succession recueillie par ses enfants, car aucune déchéance n'est, dans ce cas, prononcée contre elle; mais, comme nous avons établi que la mère n'a jamais droit à l'usufruit légal qu'après la dissolution du mariage, sa jouissance ne commencerait qu'à cette époque.

Si la mère, seule héritière, avait été déclarée indigne, et son mari condamné comme complice du fait qui a produit l'indignité, ce dernier conserverait-il, néanmoins, l'usufruit des biens de la succession recueillie par les enfants ?

Même question en sens inverse par rapport à la mère condamnée, comme complice de son mari indigne.

Dans ces deux cas, il ne paraît pas y avoir déchéance d'usufruit pour le complice de l'indigne.

Décider le contraire serait donner à la pénalité édictée par l'art. 730 une extension arbitraire; d'ailleurs, si l'on admettait que, dans l'hypothèse dont nous nous occupons, le conjoint complice doit perdre son usufruit, il faudrait, pour être logique, dire également qu'il en serait déchu dans le cas où il aurait été condamné comme complice d'un individu qui n'était pas héritier, car sa culpabilité serait absolument la même. Or, sur quel texte fonder une semblable déchéance ? Ce n'est pas sur l'art. 730 , qui ne prévoit que le cas d'indignité , et personne n'a pu être déclaré indigne puisque l'auteur principal du fait coupable et son complice ne sont pas héritiers du propriétaire de la succession.

§ III. QUELS DROITS CONFÈRE L'USUFRUIT PATERNEL ?

Le droit de jouissance des père et mère est soumis aux règles générales de l'usufruit ; mais il a de plus des règles spéciales quant à sa durée et quant aux charges qui lui incombent.

1° Aux termes de l'art. 589, l'usufruitier ordinaire de choses qui , sans se consumer par l'usage , se détériorent peu à peu , a le droit de s'en servir pour l'usage auquel elles sont destinées , et n'est obligé de les rendre, à la fin de l'usufruit, que dans l'état où elles se trouvent, non détériorées par son dol ou par sa faute.

Quant aux père et mère , d'après l'art. 453, tant qu'ils ont la jouissance des biens du mineur, ils sont dispensés de vendre les meubles, s'ils préfèrent les garder ; mais dans ce cas, ils doivent en faire dresser, à leurs frais, une estimation à juste valeur, par un expert nommé par le subrogé-tuteur; et, à la dissolution de l'usufruit, ils rendent la valeur estimative des meubles qu'ils ne peuvent représenter en nature.

De cet article on peut conclure, que le père usufruitier légal, ne doit pas rendre les meubles dans un état de délabrement et de vétusté tel qu'ils soient hors d'usage, car ce ne serait pas remettre les meubles en nature que de remettre des débris, des lambeaux ; il est responsable et doit compte au mineur de la détérioration résultant du temps et de l'usage. Son obligation est donc, sous ce rapport, plus étendue que celle de l'usufruitier ordinaire.

2° Le père ne pourra pas, comme en a le droit un usufruitier ordinaire, vendre, hypothéquer, céder à un tiers son droit d'usufruit légal. La loi considère la jouissance du père comme un démembrement du droit incessible et personnel de puissance paternelle.

Le législateur n'a confiance que dans les soins que le père apporte à gérer la fortune de son enfant; tandis qu'on aurait tout à craindre de l'avidité égoïste d'un spéculateur, qui ferait bon marché des intérêts du mineur.

Indépendamment de cette considération morale, deux motifs de droit rendent incessible l'usufruit paternel; d'abord, il s'éteint par la mort tant de l'usufruitier que du propriétaire, puis l'acheteur courrait le danger de se voir enlever le droit en question, au moyen de l'émancipation du fils de famille, que le père ne peut s'interdire par aucune espèce de clause.

Cependant, les créanciers du père auraient le droit de faire saisir les fruits provenant de cet usufruit, déduction faite des frais de nourriture, d'entretien et d'éducation des enfants, auxquels ces revenus sont spécialement affectés.

§ IV. QUELLES SONT LES CHARGES DE L'USUFRUIT PATERNEL?

D'après l'art. 385, les charges de cet usufruit sont:

1° Celles auxquelles sont tenus les usufruitiers ;

2° La nourriture, l'entretien et l'éducation des enfants, selon leur fortune;

3° Le paiement des arrérages ou intérêts des capitaux ;

4° Les frais funéraires et ceux de dernière maladie.

1° Charges auxquelles sont tenus les usufruitiers.

Nous renvoyons sur ce point au titre de l'usufruit, en nous contentant de remarquer que le père est formellement dispensé de donner caution, à la différence de l'usufruitier ordinaire (art. 600).

On a pensé que l'affection paternelle offrait des garanties sérieuses et suffisantes.

2° La nourriture, l'entretien et l'éducation des enfants, suivant leur fortune.

L'obligation imposée aux père et mère par l'art. 385 diffère de celle écrite dans l'art. 203, à plusieurs points de vue.

En vertu de l'art. 203, l'éducation et l'entretien des enfants seront proportionnés à *la fortune des père et mère* (art. 208).

D'après l'art. 585, cette éducation et cet entretien devront être en rapport avec la *fortune des enfants eux-mêmes.*

Par l'art. 203, les père et mère ne sont tenus

d'acquitter sur leurs propres biens les frais d'entretien et d'éducation, qu'autant que les enfants
n'ont pas eux-mêmes de biens personnels pour y
suffire.

Au contraire, l'art. 385 assujettit l'usufruitier
légal à la nécessité de payer ces frais, quand même
les enfants auraient des biens personnels non compris dans cet usufruit (1).

En vertu de l'art. 203, les deux époux sont également tenus de l'obligation en question ; l'époux
usufruitier légal, au contraire, est seul tenu de cette
même obligation (art. 385).

Enfin, en vertu de l'art. 203, les enfants ne sau-
raient empêcher les créanciers personnels de leurs
père et mère de faire saisir et vendre tous les biens
de leurs débiteurs. Au contraire, les saisies faites
par les mêmes créanciers ne frapperaient, d'après
l'art. 385, les revenus des biens personnels de l'enfant que déduction faite de la portion nécessaire
à son entretien et à son éducation (2).

3° Le paiement des arrérages ou intérêts des
capitaux.

(1) Pothier donnait au sujet de la garde une décision analogue.

« Quoique le gardien noble ne jouisse pas des biens de ses mineurs qui
sont situés en les lieux régis par des lois qui ne lui donnent pas cette jouissance, l'émolument de la garde qu'il a dans les lieux régis par notre coutume
ne laisse pas de l'obliger, *pour le total*, aux frais de l'entretien du mineur et
autres charges de la garde, car ce n'est que sous ces charges que la
coutume lui défère l'émolument de la garde (Cout. d'Orléans, introd. au
titre des fiefs , n° 317). »

(2) MM. Demol., t. vi, n°° 839 et 840 ; —Valette sur Proudhon, t. ii, p. 286-
287 ; — Marcadé, t. ii, art. 315, n° 2. — Vaseille, du mariage, t. ii, n° 160.

Une question vivement controversée est celle de savoir s'il s'agit seulement ici des intérêts échus au moment où l'usufruit prend naissance, ou de ceux au contraire qui viendront à échoir pendant sa durée.

Plusieurs jurisconsultes (1) soutiennent que la loi n'a entendu parler que des arrérages ou intérêts à échoir. En effet, disent-ils, les revenus passifs sont la charge naturellement corrélative des revenus actifs ; or, comme l'usufruitier gagne seulement les revenus actifs à échoir, les revenus passifs à échoir doivent seuls figurer à son compte personnel.

S'il en était autrement sous l'empire des coutumes, c'est que le gardien, acquérant la pleine propriété des meubles, était, par voie de conséquence, personnellement tenu de toutes les dettes mobilières.

Dans l'intérêt de l'opinion contraire que nous soutenons, nous ferons remarquer que si on admettait la doctrine exposée plus haut, on serait forcé de considérer le 3° de l'art. 385 comme une redondance inexplicable, car la charge des revenus passifs à échoir est déjà imposée aux père et mère par le 1° de ce même art. 385, dans ces mots : *celles auxquelles sont tenus les usufruitiers.*

Ce serait en outre une dérogation à l'ancien droit. Il est vrai que primitivement le Baillistre était obligé

(1) MM. Duranton, t. III, n° 401;—Taulier, t. I, p 512;— Rolland de Villargues, v° usufruit légal, n° 55 ; — Chardon, puiss. patern. n° 150. — Dans le même sens, Lyon, 16 Février, 1838 ; D., 1838, 2, 110.

d'acquitter toutes les dettes mobilières, parce qu'il acquérait la pleine propriété des meubles ; mais ce motif n'est plus exact, une fois la transformation du bail en garde-noble accomplie ; en effet, les dettes mobilières furent laissées à la charge du gardien par la plupart des coutumes, et cependant elles cessèrent de lui attribuer la propriété du mobilier actif.

Bien plus, la coutume de Paris, qui lui refusait *même la jouissance des meubles*, le soumettait, néanmoins, à l'obligation d'acquitter toutes les dettes, et *spécialement les arrérages échus* (1).

Si donc, l'ancien droit mettait une pareille obligation à la charge du gardien, ce n'était pas, comme on l'a dit, parce qu'il acquérait la pleine propriété des meubles. Et dès-lors, il nous semble difficile de douter que le législateur, en écrivant une disposition expresse en ce qui concerne le paiement des arrérages ou intérêt des capitaux, n'ait pas entendu se référer à l'interprétation qu'en donnait l'ancien droit, puisque sans cela le 3° de l'art. 385 ne serait qu'une inutile répétition.

Le législateur n'a pas voulu que le patrimoine de l'enfant fût diminué par des dettes, qui sont d'ordinaire payées avec les revenus, et qui s'élèveront souvent à un chiffre peu considérable.

4° Les frais funéraires et ceux de dernière maladie.

D'après quelques auteurs, la loi parlerait ici des frais de dernière maladie de l'enfant ; suivant d'au-

(1) Art. 267 de la cout. de Paris.

tres, les frais dont il s'agit sont ceux occasionnés par les funérailles et la dernière maladie de la personne qui a donné ou légué l'usufruit à l'enfant.

Cette seconde interprétation, la plus généralement adoptée, s'appuie d'abord sur la décision conforme de l'ancienne jurisprudence : en effet, les frais de dernière maladie du *de cujus* constituant une dette mobilière, il ne pouvait y être douteux d'abord qu'ils ne fussent au compte du gardien ; quant aux frais funéraires, s'ils ne sont pas précisément des dettes, ils doivent cependant être payés par privilége, avant les dettes, et ce motif avait fait conclure, dans le ressort du Châtelet et du parlement de Paris, qu'ils devaient être *a fortiori* acquittés par le gardien.

Or, quand les rédacteurs ont reproduit, sans explication aucune, les termes de la règle de l'ancien droit à cet égard, il nous semble évident qu'ils ont voulu lui donner le même sens.

Ajoutons, du reste, que si ces mots : *de dernière maladie*, contrairement à la tradition coutumière, s'entendaient de la dernière maladie de l'enfant, ils seraient tout-à-fait inexacts, car, en vertu de l'art. 203, les père et mère, indépendamment de la qualité d'usufruitier, sont tenus de supporter les frais de toutes les maladies de l'enfant, et non pas seulement de celle à laquelle il succombe ; et, quant aux frais funéraires occasionnés par la mort de l'enfant, à quel titre seraient-ils une charge pour l'usufruit, puisque l'usufruit légal a cessé quand cette dette prend naissance ?

Enfin cette solution est en harmonie avec celle donnée plus haut sur le 3° de l'art. 387, et comme elle, elle évite toute diminution de fortune des mineurs (1).

Conformément aux anciens principes, nous comprendrons dans les frais funéraires, les frais de deuil de la veuve de celui qui a légué ou donné les biens sujets à usufruit (2).

Telles sont les obligations qui incombent à l'usufruitier paternel, il en est tenu comme détenteur des biens grevés de ces charges; nous en déduirons les conséquences suivantes :

1° Il peut opposer aux créanciers tous les moyens et exceptions que le mineur pourrait lui-même leur opposer.

2° L'enfant lui-même ne cesse pas d'être débiteur envers les créanciers; il n'y a pas novation puisqu'aucun texte ne la prononce.

3° Par l'abandon de son usufruit, l'usufruitier peut se soustraire aux poursuites des créanciers, sauf réglement entre ses enfants et lui.

---

(1) Sic. MM. Demol., t. vi, n° 547 ; — Valette sur Proudhon, t. ii, p. 259 ; — Ducaurroy, Bonnier et Roust., t. i, n° 566; — Toullier, t. ii, n° 1069 ; — Marcadé, t. ii, art. 385, n° 4 ; — Lyon, 16 février 1835, D , 1835, ii, 110 ; — Caen, 16 mars 1836 ; — Caen, 20 décembre 1810. — Contra. MM. Delvincourt, t. i, p. 98, note 4 ; — Toullier, t. i, p. 503.

(2) Sic. MM. Demol., t. vi, n° 518;—Proudhon, de l'usufruit, t. i, n°° 212 et 213 ; — Vaseille, du mariage, t. ii, n° 442 ; — Zacharie, t. iii, p. 681 ; — Renusson, de la garde, t. vii, n° 63 ; — Merlin, répert. v° *deuil*, 51.

§ V. Causes d'extinction de l'usufruit paternel.

Les causes d'extinction de l'usufruit paternel sont de deux sortes : les unes communes à tout usufruit, les autres particulières à l'usufruit paternel.

I. Modes d'extinction communs a tout usufruit.

1° *La mort de l'usufruitier.*

Seulement, le père mort, l'usufruit commence sur la tête de la mère survivante.

2° *La renonciation de l'usufruitier.*

Aucun texte n'enlève à l'usufruitier paternel cette faculté de droit commun.

Mais cette renonciation n'a-t-elle d'effet que pour l'avenir au point de vue actif et passif, ou bien l'usufruitier peut-il, par la restitution des fruits perçus, se soustraire aux obligations de sa jouissance passée ?

Cette question, qui se présente pour l'usufruit ordinaire, a été, avec raison, résolue négativement par un de nos savants professeurs (1) ; admettant cette solution relativement à l'usufruit ordinaire, nous nous contenterons d'invoquer un argument à *fortiori* quant à l'usufruit paternel.

En effet, l'ancienne jurisprudence accordait à l'usufruitier ordinaire le droit en question, tandis

(1) M. Bugnet sur Pothier, *Traité du douaire*, t. vi, p. 414, note 2.

qu'elle le refusait au père ; si donc maintenant nous dénions ce droit même à l'usufruitier ordinaire, ce doit être un motif de plus pour ne point le concéder au père. De plus, une universalité telle qu'un usufruit, une fois acceptée, fait subir fatalement et sans remède à celui qui a consenti l'acceptation, toutes les conséquences, même les plus désastreuses qu'elle peut entraîner à sa suite.

Les créanciers de l'usufruit paternel ont-ils le droit de faire annuler la renonciation qu'il aurait faite au préjudice de leur droit ?

Il faut, à notre avis, établir une distinction.

Si le père (ou la mère) a renoncé directement à l'usufruit lui-même, les créanciers, usant du bénéfice de l'art. 1167 (1), peuvent attaquer cette renonciation faite en fraude de leurs droits.

Si, au contraire, la renonciation du père n'a eu lieu qu'indirectement, par suite de l'émancipation de l'enfant, les créanciers ne sont plus maîtres de de faire tomber cette renonciation.

En effet, le père qui émancipe l'enfant fait un acte d'autorité paternelle avant tout, et l'exercice de ce droit tout personnel est naturellement en dehors de l'atteinte des créanciers du débiteur (art. 1166 et 1167).

D'ailleurs, si on reconnaissait aux créanciers une semblable prérogative, on arriverait inévitablement à

---

(1) Vedel sur *Catellan*, liv. II, ch. XLVI, p. 335 ; — Duranton, t. III, n° 891 ; — M. Demol., t. VI, n° 593 ; — Proudhon, de l'usuf., t. V, n° 1398; — Cass., 11 Mai 1819.

l'une de ces conséquences inadmissibles : ou il faudrait que l'émancipation fût retirée à l'enfant, par suite de l'intervention des créanciers, ou, l'émancipation subsistant, il en résulterait pour l'enfant une suppression tout arbitraire d'un des effets les plus précieux de l'émancipation (1).

3° *L'abus de jouissance.*

Nous appliquons au père usufruitier, la déchéance de l'art. 618; l'ancien droit punissait le gardien de la même manière *pour ses malversations ou pour avoir dilapidé les biens* (2).

Mais l'inaccomplissement des charges imposées à l'usufruitier paternel entraînerait-il contre lui la même déchéance ?

Nous ne le croyons pas, parce qu'on dépasserait ainsi les termes de l'art. 618, qui ne peut être étendu par ce motif même qu'il prononce une pénalité.

De même le père d'une inconduite notoire (art. 444), d'une incapacité manifeste, perdrait la tutelle mais conserverait l'usufruit légal.

Il est aussi du devoir des tribunaux d'ordonner les mesures conservatoires prescrites par l'art. 602, toutes les fois que les intérêts de l'enfant seront en péril. La nécessité d'admettre l'intervention du pouvoir tutélaire de la justice est de toute rigueur dans notre matière, où la conservation du fonds, du

(1) Bretonnier sur Henrys, liv. iv, quest. 127, n° 33; — Zachariæ, t. i, p. 212, t. ii, p. 244 et t. iii, p. 688; — Proudhon, de l'usuf., t. v, n° 2399; — Demol., t. vi, n° 593.

(2) Nouveau Deniz., t. ix, v° garde noble, 813, n° 4, 7, Pothier, de la garde noble, sect. iv, 51.

11

capital, de la fortune des enfants est l'objet si essentiel de la préoccupation de la loi (1).

II. MODES D'EXTINCTION PARTICULIERS A L'USUFRUIT PATERNEL.

L'usufruit paternel s'éteint spécialement :

1° Par l'âge de 18 ans (art. 384). Le but du législateur est évidemment ici d'empêcher que le père usufruitier ne renonce, par intérêt, à marier ou à émanciper ses enfants. Légalement ces deux actes peuvent avoir lieu avant cet âge (477 et 144); mais en fait, une pareille hypothèse se présentera rarement.

2° Par l'émancipation expresse ou tacite de l'enfant, nous savons que l'émancipation tacite résulte du mariage.

L'émancipation étant révoquée, l'usufruit légal renaîtra-t-il par le fait de cette révocation ?

Nous penchons vers la négative, si on nous oppose cet axiome : *cessante causa, cessat effectus*, nous répondrons que si l'usufruit ne peut exister sans la puissance paternelle, cette puissance peut du moins exister sans l'usufruit; c'est ce qui arrive quand le père ou la mère renoncent à leur droit; or, en con-

---

(1) M. Demol., tit. vi, n° 602, « Si les affaires du gardien sont en mauvais ordre et donnent lieu de craindre qu'il ne pourvoie pas d'une manière convenable à la nourriture et éducation des mineurs tombés en sa garde, cette crainte, quoique bien fondée, ne suffirait pas pour faire prononcer la destitution du gardien. Mais aussi l'intérêt du mineur exige qu'on prenne des précautions.— Nouveau Denizart, t. ix, v° garde noble, § 11, n° 3.

sentant soit expressément, soit tacitement en cas de mariage (art. 476), à l'émancipation de l'enfant, l'usufruitier a renoncé à son droit, et le bénéfice de cette renonciation une fois acquis à l'enfant, ne peut pas lui être enlevé par la révocation de l'émancipation.

L'usufruit légal étant éteint, ne saurait renaître qu'en vertu d'un texte formel qui n'existe pas.

D'ailleurs, si le mineur se trouve, par la révocation de l'émancipation, replacé en tutelle, c'est uniquement dans son intérêt; et on ne comprend point comment une mesure conçue exclusivement en faveur du mineur pourrait, à un certain point de vue du moins, lui préjudicier et profiter au père et le déterminer peut-être pour ce motif, à révoquer l'émancipation (1).

3° Par la mort de l'enfant mineur de dix-huit ans.

Nous ne trouvons, il est vrai, aucun texte consacrant ce mode d'extinction d'usufruit; mais cependant, il n'en paraît pas moins naturel qu'il expire avec la puissance paternelle dont il n'est qu'un attribut. Telle était, d'ailleurs, l'ancienne règle en matière de garde (2).

A l'objection que l'on pourrait tirer de l'art. 620, en vertu duquel l'usufruit accordé jusqu'à ce qu'un tiers ait atteint un âge fixé, dure jusqu'à cette épo-

(1) *Sic*, MM. Marcadé, t. ii, art. 388, n° 7; — Ducaurroy, Bonnier et Roustain, t. i, n° 697; — Toullier, t. ii, n° 1303; — Duranton, t. iii, n° 396; — Taulier, t. ii, p. 96; — Zachariæ, t. iii, p. 688, note 23.

Contrà, M. Demol., t. vi, n° 883; — MM. Proudhon et Valette, t. ii, p. 443.

(2) Pothier, *introd. au titre des fiefs*, n° 843.

que, encore que le tiers soit mort avant l'âge déterminé, nous répondrons que l'enfant n'est pas un tiers, et que d'ailleurs, l'âge de dix-huit ans n'est pas fixé dans le sens de l'art. 620 (1).

4° Par la condamnation du père ou de la mère coupable d'avoir excité, favorisé et facilité la débauche ou la corruption de son enfant (art. 335, code pénal).

5° Par le divorce à l'égard du conjoint contre lequel il aurait été prononcé ; par le second mariage de la mère (art. 386).

Le divorce ayant été aboli par la loi du 8 Mai 1816, la première partie de l'article n'offrirait de l'intérêt que si on l'appliquait à la séparation de corps ; mais le caractère de pénalité de notre disposition nous empêche de l'étendre par analogie à tout autre cas que celui prévu.

Notons toutefois que la seconde partie de l'art. 386 reste en vigueur, et, qu'aujourd'hui encore, la mère qui se remarie perd l'usufruit légal.

Il n'en est pas de même du père. M. Réal invoquait comme motif de cette différence : « l'inconvénient qu'il y aurait à établir en principe que la mère peut porter, dans une autre famille, les revenus des enfants du premier lit, et enrichir ainsi à leur préjudice son nouvel époux (2). »

Ce motif nous paraît insuffisant, parce qu'il serait également applicable au père remarié ; la vraie rai-

(1) M. Demol., t. VI, n° 886 ; — Cas., 18 Juin 1813 ; — D. P., 1814, L. 203.
(2) Locré, législ. civile, t. XII, p. 68.

son nous semble donc être que la mère, en se remariant, livre au second mari l'administration de tous ses biens, et que le second mari peut alors disposer librement des revenus des enfants du premier lit à son profit personnel et à l'avantage de ses propres enfants ; tandis que le père qui se remarie, conserve l'administration des biens des enfants du premier lit, et, dès-lors, toute liberté d'employer dans leur intérêt les revenus de son usufruit.

On peut enfin historiquement expliquer l'art. 386 par l'influence des souvenirs de l'ancienne garde-noble et bourgeoise (1) et par la défaveur attachée, à toute époque, aux seconds mariages.

Si la mère n'est pas remariée, mais qu'elle soit coupable d'une impudicité notoire, que, par exemple, elle vive publiquement et maritalement avec un homme installé dans sa propre maison, sera-t-elle déchue de son usufruit légal ?

Le droit romain décidait formellement l'affirmative : *non enim aliquid ampliushabebit castitate luxuria* (Nov. 30, cap. 22, 51, et L. 7, cod. de revoc. et donat.)

Notre ancien droit était, sur ce point, conforme au droit romain, et Pothier nous apprend que « la garde-noble finit pour cause de débauche publique à l'égard d'une gardienne (2). »

Aussi plusieurs auteurs (3) et divers arrêts de la

(1) Pothier, *introd. aux titres des fiefs*, n° 31.
(2) Pothier, *introd. aux lit. des fiefs*, N° 316.
(3) MM. Delvincourt, t. 1, p. 93, note 8 ; — Proudhon, *de l'usuf.*, t. 1, N° 146

cour de Limoges (1), ont reproduit la même doctrine sous l'empire du code civil.

.. Pour nous, malgré la gravité de ces raisons, nous ne pensons pas qu'en l'absence d'un texte formel, on puisse prononcer, contre la veuve, une pareille déchéance.

En dehors des faits d'immoralité prévus par l'art. 335 du code pénal, nous sommes complètement désarmés. D'ailleurs, la cessation édictée par l'art. 386 a lieu *de plein droit;* tandis que dans le cas d'impudicité notoire, il faudrait une instruction et un jugement, ce qui nous place en dehors de l'art. 386.

Enfin ce serait en vain qu'on invoquerait l'art. 444 qui permet d'enlever à la veuve d'une inconduite notoire, la garde de ses enfants; en effet, autre chose est la tutelle, autre chose est la puissance paternelle et les conséquences qui en résultent (2).

.6° Par le défaut d'inventaire dans le cas prévu par l'art. 1442.

L'inventaire prescrit par l'art. 1442, doit être fidèle et exact. S'il s'y trouve des omissions ou des irrégularités commises sciemment et de mauvaise foi, *malicieuses,* comme le disait Pothier (3), l'époux sera déchu de son usufruit, car un inventaire infidèle équivaut à un défaut d'inventaire.

(1) Limoges, 16 Juillet 1807, 2 Avril 1810, 23 Juillet 1821.
(2) MM. Demol., vi, n° 565 ; — Zachariæ, iii, p. 685; — Marcadé, ii, art. 3807, n° 6 ; — Duranton, iii, n° 383 ; — Aix, 30 Juillet 1813, V. S. 1811, ii, 70; — Cass., 19 Avril 1813, D., 1813, 2, 313.
(3) *Introd. du titre X de la cout. d'Orléans,* n° 96.

La loi n'ayant pas fixé le délai de cet inventaire, tous les auteurs n'en reconnaissent pas moins la nécessité d'en fixer un, pour que la disposition de l'art. 1442 ne devienne pas illusoire. On applique donc par analogie à notre hypothèse, le délai de trois mois accordé pour dresser inventaire d'une succession, sauf faculté d'en demander prorogation à la justice.

Si le survivant des époux a laissé passer le délai de trois mois sans faire l'inventaire exigé, sera-t-il irrévocablement déchu de son usufruit ?

Une première opinion enseigne que si *les choses de la communauté sont encore facilement reconnaissables* même après l'expiration des trois mois, l'époux survivant pourra encore faire inventaire et conserver ainsi son droit d'usufruit; toutefois pour l'avenir seulement, mais que *si au contraire les choses de la communauté ne sont plus reconnaissables,* l'époux négligent sera puni d'une déchéance irrévocable, car alors pour faire inventaire on serait forcé d'avoir recours à une enquête par commune renommée, que la loi a voulu justement éviter (1).

Cette opinion est inadmissible, parce qu'elle repose toute entière sur une distinction qui, sans une enquête, est complètement arbitraire.

Un second système regarde le délai de trois mois comme un terme fatal de déchéance.

Il s'appuie sur l'autorité de l'ancien droit en

(1) M. Proudhon, *de l'usuf.*, t. 1, n° 170 et suiv.

matière de garde-noble; et le président de Lamoignon, dans ses arrêts célèbres, s'exprimait ainsi :
« Est tenu le gardien, de faire inventaire des meubles, titres et papiers appartenant au mineur.... *dans les trois mois du jour de l'acceptation, et ce temps passé,* il demeure déchu du profit de la garde-noble, malgré ses grades autorisés (1). »

Une troisième opinion, consacrée par la jurisprudence, nous paraît préférable.

Le délai de trois mois n'est pas nécessairement fatal, et la justice, même après ce temps, pourrait ne pas prononcer la déchéance du survivant des époux, si le retard de l'inventaire résulte de circonstances indépendantes de sa volonté.

La raison de décider ainsi est que l'art. 1442 ne détermine pas de délai, passé lequel la perte de l'usufruit doit inévitablement être encourue.

On peut bien, par analogie, fixer en règle générale ce délai à trois mois ; mais on n'a pas le pouvoir de prononcer une peine qui n'est point formellement édictée par la loi.

On peut ajouter, dans l'intérêt de notre opinion, qu'il serait d'autant plus rigoureux de prononcer après les trois mois contre l'époux survivant, une aussi sévère pénalité, que peut-être l'époux ignorait la mort de son conjoint, ou que le notaire chargé de l'inventaire, tombé malade ou autrement empêché,

(1) *Titre de l'état des personne*, n° 33 ; Pothier, loc. sup. cit. ; MM. Duranton, t. III, n° 389 ; Zachariæ, Aubry et Rau, t. III, p. 167 ; — Marcadé, t. I art. 1442, n° 3.

a pu ne pas achever l'inventaire dans le délai fatal, sans qu'il y ait aucune faute à mettre sur le compte de l'usufruitier paternel (1).

La disposition de l'art. 1442 étant placée dans le titre de la communauté, doit être restreinte à ce seul régime ; on ne l'étendra donc pas au régime dotal ni aux régimes exclusifs de communauté ou de séparation de biens.

Remarquons, enfin, que la déchéance de l'art. 1442 est absolue et porte par conséquent sur tous les biens de l'enfant ; c'est le droit d'usufruit même qui est perdu (2).

(1) M. Demol., t. xi, n° 573 ; — Caen, 1er Août 1838 ; — Caen, 18 Août 1842.

(2) *Sic*, MM. Berlier, *exposé des motifs*, Zacharlæ, t. iv, p. 468 ; — Proudhon, t. i, n° 169 ; — Marcadé, v., art. 1442, n° 3 ; — Demol, vi, n° 560 ; — Caen, 23 Février 1843 ; — *Contrà*, Toullier, t. xiii, n° 8 ; — Caen, 8 Décembre 1838.

TITRE SECOND.

Des effets de la puissance paternelle en ce qui concerne l'enfant naturel.

Le pouvoir du père de famille s'exerce également, comme nous l'avons établi pour les enfants légimes, sur la personne et sur les biens de l'enfant naturel, légalement reconnu.

Notre division sera donc ici la même et comprendra deux chapitres.

CHAPITRE PREMIER.

DE LA PUISSANCE PATERNELLE RELATIVEMENT A LA PERSONNE DE L'ENFANT NATUREL.

La puissance paternelle s'établissant par le fait de la procréation des enfants, il résulte qu'elle est commune aux pères et mères naturels.

SECTION Ire

DE L'ÉDUCATION ET DE LA GARDE DE L'ENFANT NATUREL.

« La naissance seule établit des devoirs entre les
» pères et les enfants naturels, disait M. Tronchet

» au conseil d'état ; ces enfants doivent être sous
» une direction quelconque ; il est juste de les
» placer sous celle des personnes que la nature
» oblige à leur donner des soins. »

L'art. 383 applique les art. 376 et 379 aux enfants
naturels légalement reconnus. Mais ces dispositions,
uniquement relatives au droit de correction, ne sont
pas limitatives. On ne peut, en effet, soutenir que
l'art. 371, par exemple, n'établisse des rapports de
respect et de déférence, aussi bien entre parents et
enfants naturels reconnus, qu'entre parents et enfants légitimes.

Comme conséquence de ce respect, dérive pour
l'enfant naturel reconnu, l'obligation de demander
pour son mariage, tantôt le consentement, tantôt le
conseil de ses père et mère, et le droit pour ceux-ci
de former opposition à son mariage ou d'en demander la nullité. Enfin le droit de correction que le
texte leur accorde expressément, présuppose le
droit d'éducation et de garde.

La puissance paternelle en ce qui concerne les
droits d'éducation, de garde et de correction, appartient à l'auteur qui a reconnu l'enfant ; mais que
décider si le père et la mère ont tous deux reconnu
l'enfant ?

Une première opinion soutient que la puissance
paternelle leur appartient concurremment, parce que
les droits de la mère doivent être égaux à ceux du
père, toutes les fois qu'un texte n'établit pas expressément la prépondérance de celui-ci.

Pour nous, nous croyons qu'il est plus rationnel d'accorder au père naturel le droit de garde et d'éducation. Donner aux père et mère naturels une autorité égale sur l'enfant, ce serait causer des tiraillements et des conflits préjudiciables au pouvoir paternel et à la bonne direction de l'enfant. Cette prééminence du père, que la loi consacre au chapitre des enfants légitimes, est ici tout aussi indispensable (1).

SECTION II.

DU DROIT DE CORRECTION A L'ÉGARD DE L'ENFANT NATUREL.

De l'assimilation que l'art. 383 fait quant au droit de correction entre l'enfant légitime et l'enfant naturel, dérivent plusieurs conséquences.

1° L'enfant naturel peut être détenu, soit par voie d'autorité, soit par voie de réquisition, suivant les circonstances.

2° La détention ne donne lieu à aucune procédure ni écriture.

3° Le père ou la mère qui fait détenir son enfant naturel est tenu de payer les frais et de fournir les aliments convenables.

4° L'ordre d'arrestation ne doit pas énoncer les motifs qui font agir le père.

5° Les père et mère naturels ont le droit de

(1) MM. Demol., t. vi, n° 629; Marcadé, t. ii, art. 383, n° 2; Zachariæ, t. iv, p. 85; Taulier, t i, p. 188; Val. sur Proudhon, t. ii, p. 218, note A.

grâce; ils peuvent toujours abréger la détention de l'enfant.

6° Si l'enfant se livre à de nouveaux écarts, une nouvelle détention peut être ordonnée.

Par qui le droit de correction doit-il être exercé?

Si le père et la mère de l'enfant sont connus, ce droit appartient exclusivement au père; ce n'est qu'en cas d'empêchement de ce dernier, qu'il retourne à la mère; mais il lui appartient exclusivement si elle est seule connue.

Comment s'exerce le droit de correction?

En renvoyant aux art. 376 à 379, le législateur n'a entendu faire qu'une énonciation qui n'a rien de limitatif : ces articles sont les principaux qui règlent le droit de correction; mais il a voulu consacrer tout le système, sauf les dispositions qui deviennent inapplicables par suite de l'absence du mariage.

Supposons le père naturel marié à une autre femme que la mère de l'enfant, lui permettra-t-on de faire détenir, par voie d'autorité, son enfant âgé de moins de seize ans? Mais est-ce que nous ne sommes pas entièrement dans l'esprit de l'art. 380?

La femme sera souvent encore plus hostile à l'enfant naturel de son mari qu'à l'enfant issu d'un mariage antérieur.

Il semble donc qu'en vertu de l'art. 380, le père naturel, marié, ne peut user que de la voie de réquisition; qu'il doit en être de même, conformément à l'art. 382, si l'enfant a des biens personnels ou exerce un état; qu'enfin, en vertu de l'art. 381, la

mère doit toujours employer la voie de réquisition,
avec le concours de deux parents ou amis du
père, et que, si elle est mariée à un autre que le
père de l'enfant, elle est déchue de tout droit de
correction.

CHAPITRE SECOND.

DE LA PUISSANCE PATERNELLE PAR RAPPORT AUX BIENS DE L'ENFANT NATUREL.

SECTION Ire

DE L'USUFRUIT LÉGAL.

Les père et mère naturels n'ont pas, sur les biens
de leurs enfants, le droit d'usufruit légal qui appartient aux père et mère légitimes. Les rédacteurs du
code ont, en effet, expressément déclaré que si
l'art. 383 ne renvoyait pas à tous les articles du
titre neuvième, c'est parce qu'on entendait priver
les pères et mères naturels de l'usufruit légal.

D'ailleurs un droit exorbitant comme l'usufruit
légal qui confère à une personne la totalité des
revenus d'une autre, ne saurait exister à leur profit
qu'en vertu d'un texte formel, et non-seulement

aucun texte ne le consacre à leur égard, mais l'art. 384, qui l'établit en faveur des père et mère légitimes, le leur refuse implicitement : « *durant le mariage..... après la dissolution du mariage ;* » telles sont les expressions qui s'y trouvent et qui, supposant le mariage, supposent la légitimité des enfants (1).

SECTION II.

DE L'ADMINISTRATION LÉGALE.

Nous refuserons, pour les mêmes motifs, aux père et mère, l'administration légale des biens des enfants naturels reconnus.

En effet, l'administration légale n'est qu'un attribut naturel de la puissance paternelle, et ne peut exister que concédé par une loi. Or, aucun texte ne l'attribue aux père et mère naturels ; bien plus, l'art. 389 la leur refuse implicitement par ses termes mêmes : le père, *durant le mariage*, y est-il dit, est administrateur des biens personnels de ses enfants mineurs.

Cependant si l'enfant naturel a des biens, ils ne resteront pas à l'abandon.

Bien que la loi ne détermine pas à quelle per-

(1) MM. Val. sur Proudhon, t. xii, p. 252 ; — Ducauroy, Bonn. et Roust., I, n° 263 ; — Duranton, III, n°° 360 et 361 ; — Marcadé, t. xii, art. 384, n° 4 ; — Demol., t. vi, p. 521.

sonne en appartiendra la surveillance et l'administration, ce sera, d'après les règles en matière de
minorité, un tuteur qui sera chargé de représenter
l'incapable au point de vue pécuniaire.

Mais quel sera ce tuteur? En présence des opinions diverses qui se sont produites sur ce point,
nous pensons, avec M. Demolombe, que la tutelle
des enfants naturels est une tutelle dative.

En général, du reste, le conseil de famille de
l'enfant naturel, composé d'amis de son père ou de
sa mère, fera bien de choisir pour tuteur l'un ou
l'autre des deux parents naturels (1).

(1) MM. Toullier, t. 1, p. 502; — Marcadé, t. II et 369, n° 2; — Demol.,
t. VI, p. 529.

TABLE DES MATIÈRES.

DEUXIÈME PARTIE.

Ancien droit français.

TROISIÈME PARTIE.

Code Napoléon.

Lille. Imp. de Hérémans (quartier de Wazemmes).

www.ingramcontent.com/pod-product-compliance
Lightning Source LLC
Chambersburg PA
CBHW060554210326
41519CB00014B/3466